I0448955

mírame los ojos

Los desordenes del espectro autista: Autismo y PDD-NOS

La intervención temprana y como navegar el sistema

melanie fowler

Traducido por Greg (Tío) Norman

WestBow
PRESS
A DIVISION OF THOMAS NELSON

Derechos reservados © 2012 Melanie Fowler

Todos los derechos reservados. Este libro y ninguna de sus partes pueden ser usadas o reproducidas en ninguna forma gráfica, electrónica o mecánica, incluyendo fotocopia, grabación, taquigrafiado tipiado o algún otro medio, incluyendo sistemas de almacenamiento, sin previo permiso por escrito de la casa editora, excepto en caso de citas breves incorporadas en revisiones y artículos críticos.

Scripture quotations are from The Holy Bible, English Standard Version® (ESV®), copyright © 2001 by Crossway, a publishing ministry of Good News Publishers. Used by permission. All rights reserved.

Author photos by Callie Shepherd, calliesheperd.com.

A portion of the proceeds from Look At My Eyes will go to The Child Study Center in Fort Worth, Texas.

For more information, please visit LookAtMyEyes.com.

Los libros de WestBow Press pueden ser ordenados en librerías o contactando directamente WestBow Press Division de Thomas Nelson en las siguientes direcciones o número de teléfono:

WestBow Press
A Division of Thomas Nelson
1663 Liberty Drive
Bloomington, IN 47403
www.westbowpress.com
1-(866) 928-1240

Debido a la naturaleza dinámica del internet, alguna de las direcciones de la página web o alguna otra conexión contenida en este libro pueden haber cambiado desde su publicación y no ser válida. Los puntos de vista expresados en este libro vienen del autor y no necesariamente reflejan los puntos de vista del editor y el editor por este medio no se hace responsable por los mismos

ISBN: 978-1-4497-4998-9 (sc)
ISBN: 978-1-4497-4999-6 (e)

Número de Control de la Biblioteca del Congreso de EE.UU.: 2012907881

Impreso en los Estados Unidos de Norteamérica

WestBow Press fecha de revisión: 04/30/2012

Elogios para *Mírame los Ojos*

"¡Melanie y Seth Fowler son unos padres maravillosos y defensores para su hijo, William! Melanie tiene un gran sentido del humor y comparte muchos consejos prácticos para los padres de niños con cualquier discapacidad del desarrollo. Estoy de acuerdo con su perspectiva: la intervención temprana es sumamente importante para un buen resultado. 'Para ser la mejor defensora para tu niño, tienes que seguir adelante.' Es refrescante escuchar que ella tiene un punto de vista positivo para los profesionales que han trabajado con William y consejos prácticos para los inevitables conflictos con las compañías de seguros. Su perspectiva optimista e informativa será una adición positiva a lo que frecuentemente es un tipo de literatura negativa llena de imprecisiones. ¡Gracias Melanie!"

—Joyce Elizabeth Mauk, MD
Presidente, CEO y directora médica del Centro de Estudio del Niño
Fort Worth, Texas
Certificada en pediatría y pediatría neurológica del desarrollo

"Este libro ofrece una combinación poco común de la percepción de una profesional y el conocimiento basado en la experiencia de una madre de familia. Cualquier persona que enfrenta el reto de tomar decisiones para su niño autista lo encontrará de utilidad para manejar el camino difícil que yace entre la preocupación, el diagnóstico y más importante, la intervención. Melanie ayuda a recordarnos a todos lo importante que es la identificación y el tratamiento tempranos y la diferencia que puede significar para una familia y un niño. Es cierto, entre más temprano mejor."

—Michele D. Gortney, MS, LPC
Directora de Servicios Especializados,
La Intervención Temprana del Norte Central Texas

"*Mírame los Ojos*—reconocida universalmente como una petición de tantos padres de familia con niños autistas es ahora el título del primer libro de Melanie Fowler. El libro destaca la importancia del diagnóstico y tratamiento tempranos del autismo. Su mensaje es claro y urgente: No esperes. Si tienes un niño autista o sospechas que tu niño pueda tener un desorden del espectro autista, el momento de actuar es ya mismo. Vas a descubrir que el mensaje de Melanie a favor del diagnóstico y tratamiento temprano es realista y razonable. Además, los consejos de Melanie te ayudarán a evitar a los charlatanes aprovechadores que venden tratamientos mágicos. Melanie te llevará directamente hacia las intervenciones basadas en la evidencia que han sido comprobadas científicamente y producen resultados significativos. Te va a encantar la pasión, el valor, la convicción, la humildad y el sentido de humor de Melanie."

—Anthony Cammilleri, PhD, BCBA-D
Director, Jane Justin School
Fort Worth, Texas
Cátedra Jack B. Morris

Para mi William

quien me ha dado una nueva vida, perspectiva y propósito mucho más valiosos de lo que merezco.

¡Gracias demos a Dios!

En la querida memoria,
Mark Crawford Fowler
1947-2009

Un esposo, padre, suegro y abuelo lleno de amor.
"Para todo lo que es, decimos 'gracias' y para todo lo que será, decimos 'sí'."

Vivan en Alegría, Alegrándose

TABLA DE CONTENIDOS

NOTA

El autismo es un trastorno generalizado del desarrollo. Se usa la palabra "generalizado" porque los efectos de autismo afectan una cantidad grande de las áreas del desarrollo incluyendo el desarrollo del lenguaje y el habla, el desarrollo social, el desarrollo emocional, el desarrollo de las habilidades motrices y el desarrollo de habilidades académicas. En los años recientes se ha entendido el autismo como un desorden con un espectro por la variabilidad en que se manifiestan los síntomas en las distintas áreas de desarrollo en distintas personas. Es cierto, los niños son como una hojuela de nieve—cada uno es único y eso es aún más cierto para las niños con autismo. Algunos podrían tener una capacidad de lenguaje completamente desarrollada pero no tienen las suficientes habilidades sociales para hacer amistades. Otros podrían tener tasas altas de estereotipos verbales o manuales, pero también habilidades académicas elevadas. Sin duda, existen una cantidad infinita de graduaciones en los excesos y déficits que se manifiestan en el espectro autista.

Dondequiera que se encuentre un niño en el espectro, puede progresar. Todos los niños pueden aprender. Ya pasó la época en la que un diagnóstico de autismo significaba que un niño no podría aprender a leer, jugar o decir "Te amo." Hoy en día, la perspectiva es más prometedora por los avances en la medicina, el análisis del comportamiento aplicado y la patología del habla y lenguaje. Por supuesto, que incluso los mejores tratamientos basados en evidencia y conducidos científicamente tienen resultados variables. Estos resultados se deben a varios factores: (a) la edad de detección, (b) la edad en que empieza el tratamiento, (c) el nivel de acceso a tratamientos de calidad, (d) la clase de tratamiento dado, (e) la cantidad de tratamiento dado, (f) el nivel de participación familiar en el tratamiento y (g) el nivel del atraso del niño.

Aunque parece desalentador este listado de factores que afectan los resultados del tratamiento, no lo dejes paralizarte. Al contrario, utilízalo para tomar iniciativa—para maximizar las posibilidades del mejor resultado posible para tu niño. Todos menos el último factor están, al menos en alguna medida, bajo tu control. Por eso, si tú sospechas que tu niño está mostrando los síntomas del autismo, no esperes, no dejes que los demás te calmen tus preocupaciones al decirte "Eso se le pasará." Haz una cita con un pediatra neurólogo del desarrollo. Si pueden descartar el autismo será un alivio para ti. Pero si es confirmado, ya estarás un paso más cerca de conseguir el tratamiento.

Si el autismo es confirmado, busca los servicios de un analista de comportamiento certificado y con experiencia en el diseño e implementación de tratamiento para niños con autismo. Se pueden localizar estas personas en los centros de tratamiento para autismo, en las escuelas privadas especializadas y con profesionales particulares. En un esfuerzo por ayudar a los padres de familia a evaluar las calificaciones de los analistas de comportamiento que trabajan con los niños con autismo, el Grupo de Interés Especial en Autismo (SIG—Autism Special Interest Group) de la Asociación Internacional del Análisis del Comportamiento (ABAI—Association for Behavior Analysis International) ha publicado *El reglamento para el consumidor para identificar, seleccionar y evaluar a los analistas de comportamiento trabajando con las personas con trastornos del espectro autista*. Tienes que asegurarte que el analista de comportamiento de tu hijo cumpla con las calificaciones explicadas en ese reglamento.

Muchas veces el acceso a los tratamientos de calidad está afectado por el lugar geográfico y tus recursos financieros. Dependiendo de donde tú vivas, podrías tener que viajar distancias largas para conseguir servicios basados en la evidencia de alta calidad. También vas a tener que tomar decisiones financieras difíciles a medida que destinas recursos para los gastos del tratamiento. Por supuesto que eso va a impactar directamente la cantidad de tratamiento que se le provea.

Finalmente, es importante entender que la participación familiar en el tratamiento es crítica para poder obtener el mejor resultado. Los niños con autismo tienen déficits significativos en sus habilidades, y aunque eso podría sonar desagradable, el tiempo no espera a nadie—mucho menos a los niños con autismo. Es imperativo que se aproveche todo el tiempo posible para la terapia. La intervención temprana en el comportamiento por parte de profesionales calificados podría ser proporcionada hasta por ocho horas diarias. Es cierto que esto es un buen arranque, pero ese tiempo solamente cubre la tercera parte de un día. Así que hay muchas más horas disponibles para enseñanza adicional. Las familias que reciben capacitación para convertirse ellos mismos en terapistas pueden proporcionar muchas más oportunidades de aprendizaje para su niño con autismo que las familias que no se capacitan. El resultado de la capacitación familiar lleva a mejores resultados en el tratamiento.

Anthony Cammilleri, PhD, BCBA-D
Director, Jane Justin School
Fort Worth, Texas
Cátedra Jack B. Morris

PRÓLOGO

El grupo al que no me apunté

Yo no me apunté para eso. Estas preocupaciones, estos comentarios y opiniones, estos procesos largos, larguísimos—no me apunté para todo eso. Ese no era mi plan, ni siquiera estaba cerca de serlo. Pero este plan se convirtió en realidad para mí durante el año 2005. Si me hubieran dicho, en el momento que supe, que iba a tener que enfrentar *todo* lo que he enfrentado, hubiera dicho "¡Estás loco! No puedo hacerlo y no lo haré. ¡No aguanto!" Y hubiera dicho esas cosas escondiendo mi cara entre mis brazos recogida en la posición fetal.

Lo que digo hoy en día es distinto a las cosas que decía hace unos pocos años. Lo que me diría ahora a la misma yo del año 2005, considerando todas mis experiencias, es que "solo el hecho de que será difícil no significa que tú no puedes aguantar y el hecho de que tú lo puedes aguantar no quiere decir que no será difícil." Entiendes que aguantar en cualquier día en particular puede significar muchas cosas distintas. Para mí, significa que no perdí la paciencia con mi hijo cuando él está preguntando la misma cosa cien veces al día. Otro día, significa que logré levantarme en la mañana cuando mi hijo me había hecho desvelar durante la noche anterior. Puede significar manejar hacia otra sesión de terapia del comportamiento aplicado (ABA por sus iniciales en Inglés—Applied Behavior Analysis) que dura más de tres horas mientras estoy atendiendo a una bebé de un año y hablando con la compañía de seguros a la vez. Si tú estás donde yo estaba en el 2005, sin poder imaginar como aguantarás, como vas a manejar los siguientes días y meses y años de repetir la misma cosa para siempre, tratando los mismos problemas una y otra vez, tal vez te ayudará saber que "aguantarlo" siempre va a significar cosas distintas en días distintos. No puedes conquistar el autismo en un solo día. Puedes ir quebrantándolo pedacito por pedacito.

Aprendí como "aguantarlo" cuando me hice parte del grupo para el cual no me había apuntado: el grupo de madres con niños con necesidades especiales. Creo que la primera vez que me di cuenta que ya había formado parte del grupo fue el primer día de escuela de William en la escuela Jane Justin. Era una escuela especial para cumplir con sus necesidades individuales, así que quizás debí haberme sentido bien por haber tomado un paso concreto y positivo. Pero no me sentía así; estaba completa y totalmente deprimida. Lo había hecho. Me había apuntado. Pero todavía no me gustaba para lo que me estaba apuntando. Era cierto, que era una escuela de buena fama basada en la ciencia del análisis del comportamiento aplicado, lo que había llegado a apreciar y respetar bastante, pero *no quería* que William fuera diferente, mucho menos que fuera colocado en la misma categoría con algunos de los otros niños. ¿Por qué? Porque era una forma de acordarme de que él tenía necesidades especiales. ¡Mirando hacia atrás, me doy cuenta de lo mucho que me quedaba por aprender!

Antes de que naciera William, decidí que quería quedarme en casa con él hasta que entrara al kínder. Cuando lo diagnosticaron—a la edad de dos años y medio—todavía pensaba que iba a enfrentar el desafío y trabajar con él en casa. Quería hacer lo mejor para él y aún más, tenía la experiencia adecuada para enfrentarlo. Mirando hacia atrás, logré muchos avances en casa con William (con la ayuda de profesionales), pero con el tiempo me di cuenta que había un límite a lo que podía alcanzar a solas—especialmente porque William ya estaba más grande y tenía otra bebé en camino. Sabía que William necesitaba estar con otros niños. Tenía que proporcionarle un ambiente social que no podía más que aproximar en casa.

Aunque sabía todas estas cosas, no era fácil. En un principio, me dolió el pensar que mi niño de tres años iba a una escuela durante todo el día. No es que pensaba que él no iba a recibir la mejor educación posible—porque si pensé eso. Fue una bendición hallar una escuela tan sorprendentemente adecuada para sus necesidades. No, me dolió sentir (lógicamente o no), lo que siente una madre cuando se da cuenta que "No soy suficiente para mi hijo." William necesitaba más que lo que le podía dar, y lo necesitaba ahora mismo—por eso lo llaman "la intervención temprana." Tuve que sobreponerme a mi propia amargura y decepción con la situación y darle más importancia a sus necesidades que a mis sentimientos.

Odiaba sentir como él iba a "perder la experiencia" de su niñez. ¿Qué clase de madre quiere tener a su hijo en una escuela—no una guardería, *escuela*—a la edad de tres años? Probablemente todas las madres sienten algo parecido cuando sus niños empiezan el kínder, pero eso no era kínder y William no tenía cinco años. Pero tenía que hacerse, por bien de él. La intervención temprana es clave.

Al fin de su primer día, había unas madres esperando en la fila para recoger a sus niños y una que supe que se llamaba Heidi, empezó a platicar conmigo. Las primeras preguntas fueron las normales que se intercambian entre todas las madres en el primer día de escuela: "¿Cuántos años tiene su hijo?" "¿Es su primer año?" No pasó mucho, y las preguntas se convirtieron en preguntas que solamente las personas dentro de este grupo, este club, podían entender. Empezamos a hablar de las terapias y los diagnósticos, una plática muy común entre todos los padres de familia con niños con necesidades especiales y fue entonces cuando supe con seguridad: Me hubiera apuntado o no para el grupo, ya formaba parte de él.

Desesperada por convencerme a mí misma de que *podía* aguantar esto, recuerdo haber pensado, "Esta madre lo hace. ¿Cómo lo puede hacer con tanta decisión y fortaleza?" No sabía todavía la gran sorpresa. Habíamos dejado un momento de hablar y se abrieron las puertas de la escuela. Dos niños corrían hacia Heidi, sonriendo y mostrando los dibujos que habían hecho ese día. ¡Ella tenía gemelos! Sí, niños gemelos, ambos con trastornos del espectro autista. Viéndolos correr hacía ella con los brazos abiertos de alegría, se llenaron mis ojos de lágrimas y fue difícil contenerme y no perder el control de mí misma. Allí estaba yo, deprimida y ansiosa, y ella con dos niños preciosos que necesitaban constantemente de su atención. Aunque tenía títulos y mucha capacitación, Heidi me enseñó libros de información en solamente cinco minutos de conversación y de verla con sus niños. Me prometí a mí misma que nunca dejaría que el autismo me venciera a mí o a mi familia hasta el punto que sintiéramos que habíamos perdido la batalla o que nos estábamos perdiendo algo mejor para todos nosotros.

Después de que William estaba cómodo en su silla de niño para el carro y de subirme al carro yo también, cerré la puerta sabiendo que ese día las cosas serían diferentes. No pude dejar de pensar en esa madre y sus dos niños chiquitos y lloré en el carro y pensé *Nada será igual nunca; y de verdad, espero que ese sea el caso.*

A pesar de lo desanimada que estaba el primer día de escuela de mi hijo, Heidi me había dado esperanzas y alentado con su ejemplo solamente. Hoy en día, sus hijos tienen siete años y ella sigue siendo un ejemplo y alguien que me anima—ella tiene energía y alegría y las comparte.

Durante las siguientes semanas, me empecé a identificar con muchas de las madres a quienes conocí en la escuela, con sus esperanzas y miedos tan parecidos a los míos. La socialización para William era una de mis metas principales cuando lo inscribí en la escuela; poco sabía yo de cuanta socialización positiva y muy necesaria iba a recibir yo también! Recuerdo observar a una madre en particular y la forma en que atendía a su niño especial con tanta gracia, hermosura, paciencia (mucha paciencia) y amor. Aunque tenía tanto que hacer con su hijo autista y su otro niño más chiquito, siempre era increíblemente positiva y paciente. Al tener el privilegio de conocerla, me di cuenta que fue su fe que le permitió mantenerse tan compuesta mientras perseguía el tratamiento para el autismo sin cansancio. Era una persona calmada, aún durante el caos. Ella sabía que el Señor le había dado esta situación. Ella estaba aprendiendo y tomaba todo con calma. Su actitud era increíble: Nuestros hijos (ángeles, los llamó) son regalos de Dios a nosotros, y es una bendición cuidarlos. Yo sabía eso y mi pequeña bendición estaba enfrente de mí todo el tiempo. Pero a veces las luchas diarias te pueden arrastrar hacia abajo y se te olvidan las cosas más importantes. Solo necesitaba que me lo recordaran. Necesitaba este grupo y ellas también me necesitaban a mí.

Recuerdo todo por lo que pasamos como familia antes de llegar a la escuela Jane Justin. Las terapias privadas, las conversaciones, el trabajo—el trabajo en casa con William, el trabajo en la terapia—la lucha diaria, la lucha de William, la lucha de mi hija, mi lucha personal y la lucha de mi esposo. Todo eso significaba algo. Incluso los primeros días de la escuela fueron difíciles: aparte de mis propios sentimientos encontrados sobre inscribirle a William tan chiquito en la escuela, ya para la hora que él terminaba el día escolar a las tres de la tarde, estaba agotado y molesto. Pero el poner a un lado nuestros sentimientos y tomar la iniciativa de inscribir a William en la escuela resultó ser una de las mejores cosas que hicimos para nuestra familia entera. Pronto nos enteramos que no solamente estaba relacionándose con otros niños en un ambiente social, sino que también estaba aprendiendo a leer. William empezó a leer antes de los cuatro años. Ese primer año de escuela para William me abrió tanto los ojos; no podía entender lo mucho que yo estaba aprendiendo sobre él. También aprendió a ir al baño durante el primer año y eso fue un logro importante para nosotros. Durante el año y medio desde que ingresamos a la escuela, nos involucramos y seguimos involucrados y eso ha hecho toda la diferencia. En vez de estar sentada con el sentimiento de que no había nada que pudiéramos hacer, nos involucramos con la escuela que nos da actividades en que participar, ayudándonos a enfrentar el autismo diariamente. Y no es solamente eso, porque también estar involucrados nos hace sentir como parte de una familia grande. Aunque no me apunté para eso, estoy tan agradecida de formar parte de este grupo—un grupo que nutre, ayuda y es honesto (a veces demasiado honesto)—un grupo de gente velando por su mejor interés y también por el tuyo.

Mirando a todas estas mujeres, me doy cuenta que todas somos una parte de este grupo. Ninguno de los miembros habla del hecho de que formamos este grupo de mujeres muy fuertes; aunque durante momentos difíciles la una levante a la otra, no nos sentamos alrededor a felicitarnos entre nosotras por nuestra fortaleza. Hacemos lo que tenemos que hacer; adquirimos la fortaleza; solo es un hecho de la vida. La membrecía, la fortaleza, se entiende cada vez que nos miramos a los ojos, platicar antes de apurarse a conquistar el día, o, en mi caso, que me den a nuestra manera un poco de fe y honestidad brutal. Este grupo me permitió algo de perspectiva también. A veces cuando recuerdo algunas de las cosas que he sobrevivido y logrado (durante conversaciones con estas señoras y mi propia introspección), me sorprendo. No es orgullo; viene del Señor—un sentimiento de agradecimiento por la fortaleza que me vino, casi espontáneamente, cuando la necesitaba más. Te sorprenderás de lo que puedes aguantar . . . de lo que puedes lograr . . . y de lo que tu niño puede alcanzar.

RECONOCIMIENTOS

Quisiera agradecer primero a mi familia cercana y los amigos que me han dado tanto apoyo emocional y físico cuando más lo necesitaba. Específicamente quiero agradecerles a Vincent y Debby James, Bonnie Fowler, Elizabeth y John Baldwin, Paul y Melissa Russell, Brittany y Michael Norman, Frank y Judy Norman, Nana y Papa Bates, Cindy Campbell, la familia Baker, la familia Penshorn, David y Megan Skeels, Kris y Kelly Calvert, Ben y Gail Dyess, el Grupo de Desayuno de los Jóvenes Mocosos y el Grupo de Oración de las Madres.

Un agradecimiento especial para el Centro del estudio del niño y el Departamento de servicios de autismo, la Academia ABA, la revista *FortWorthChild*, el bufete legal Friedman, Suder & Cook, la Iglesia Presbiteriana de Fort Worth, la Intervención temprana de Fort Worth, la Fundación Seay, Uplift Creative, Village Homes, V Fine Homes y HD Homes Family.

Un agradecimiento especial a la Dra. Joyce Mauk por ayudar a mejorar las vidas de los niños en el Centro de estudio del niño para que puedan lograr su potencial completo.

Gracias al Dr. Anthony Cammilleri, quien sigue intentando entender y enseñar a mi hijo para alcanzar su potencial completo. No sería quien es hoy en día sin tu conocimiento, paciencia y amistad. Este libro no estaría en la condición que está sin tu sabiduría y dirección.

Gracias a Michele Gortney, quien me dio el ánimo y el apoyo emocional tan necesitado durante los primeros años de navegación a través del diagnóstico y el tratamiento.

Por la versión en español quiero agradecer al traductor, Greg Norman. También agradezco a Sandra Hidalgo por su aporte valioso en la revisión del texto en español.

Y por último, a mi esposo, quien me da apoyo inquebrantable diariamente. Eres una verdadera bendición y entre más desafíos enfrentamos, más te amo. Es por la gracia, merced y amor de Dios que somos un equipo, decidido a lograr su plan para nosotros según su propósito.

INTRODUCCIÓN

El diagnóstico y la intervención temprana es la clave al éxito con cualquier niño con necesidades especiales. "Mi hijo no necesita la terapia." "Es solo una etapa que él ya va a pasar." "Él es diferente y único, nada más." Estos son los pensamientos y racionalizaciones que todos los padres de familia hacen cuando sienten que algo sobre su hijo no es "normal," y estas eran las afirmaciones que pensaba y decía en voz alta mientras esperaba que mi hijo aprendiera a hablar. Cuando nació William, yo ya había obtenido el título de licenciatura en patología del habla y lenguaje y un título de maestría en educación especial, con especialización en la educación para sordos. Ya tenía certificación como especialista en diagnósticos pedagógicos y había pasado años enseñando a niños de varias edades, incluso enseñando niños sordos de tres a cuatro años y enseñando el lenguaje de señas como un idioma extranjero a estudiantes de secundaria. Había trabajado en un programa como especialista en inclusión, trabajando con niños con trastornos del espectro autista (ASD, por sus siglas en inglés) que habían estado incluidos en ambientes escolares normales. También había hecho intervenciones uno a uno en casa a un niño con autismo severo utilizando el lenguaje de señas. Tenía tanta experiencia y todavía tenía esos pensamientos. Frecuentemente nosotros los padres de familia dudamos de nosotros mismos y no confiamos en nuestra intuición, aún cuando de verdad sentimos que algo puede estar mal. Tienes que actuar con los sentidos por el bien del progreso de tu niño. Suena un poco duro, pero es verdad. En realidad estás demorando el progreso general que tu niño podría estar experimentando si te sientas y esperas que otras personas tomen las decisiones. Una lección importante que tienes que saber: la terapia de un terapista calificado nunca lastimaría a tu hijo, solamente lo ayudaría. Al final, si tu hijo nunca recibe un diagnóstico grave, la terapia que tú permitiste que tu hijo experimentara no le hará ningún daño. Por ejemplo, mi niña de dos años es muy habladora, de hecho es sorprendentemente habladora. Ella siempre ha sido así. ¿Necesita ella la terapia del lenguaje? No. ¿Pero la lastimaría si la tuviera? Por seguro que no. De hecho, utilizo estrategias de la terapia del lenguaje con ella todos los días!

"Pero no quiero que mi hijo esté clasificado así." "No quiero que sea diagnosticado a una edad tan temprana." Esa es otra buena noticia para quienes tienen miedo a la clasificación, no siempre lo necesitas para la intervención temprana. Explicaré más sobre eso en los siguientes capítulos. ¿Si tu cuestionas cualquier clase de comportamiento en tu hijo, porque no te atreves y llamas a un profesional? Existen muchas clases de intervención, algunas no te cuestan casi nada, desde tan temprano como el nacimiento. Sí, de verdad, desde el nacimiento.

Cuando William recibió el diagnóstico de PDD-NOS (PDD-NOS por sus siglas en inglés *Pervasive Developmental Disorder Not Otherwise Specificed*, el trastorno generalizado del desarrollo no especificado), yo no tenía tiempo para leer un libro más grueso que mi uña. No te puedo contar cuántos libros están amontonados en una esquina sin tocarlos—¡y eso después de cinco años! Yo necesitaba algo que me ayudará y me informará, pero que también fuera corto y directo al punto y que pudiera practicar en mi vida. Yo necesitaba *este* libro y *estas* palabras, así que las estoy compartiendo contigo.

Dice Seth . . .

¿Cuál es la diferencia entre este libro y todos los otros libros sobre el autismo? ¿Por qué necesitamos otro libro que explica la situación de una familia luchando con un niño autista? Existen miles de libros, blogs, videos y ensayos sobre el autismo.

Los padres de un niño autista no tienen tiempo para leer, ni *quieren* leer un libro de quinientas páginas sobre autismo; están viviendo el libro minuto por minuto.

La mayoría de la literatura sobre el autismo se enfoca en las supuestas causas y las controversias.

Tú tienes que poner tu energía en buscar la manera de ayudar a tu niño en este momento, pero eso casi siempre te lleva a muchas investigaciones y conflictos que, lastimosamente, no te ayudan ahora mismo. Tus preguntas son más urgentes: "Ok, mi hijo tiene un desorden del espectro autista; ¿qué hago ahora? ¿Qué terapias existen que mi hijo puede recibir?

Este libro te ayudará a ir a través de los procesos iniciales de aflicción, la intervención, las opciones de terapia, las estrategias útiles en la casa, la cobertura de seguro médico y te dará más entendimiento de tu papel como padre o madre. Mi esposo, Seth, ha aportado al libro en las secciones llamadas "Dice Seth…"—ofreciendo los pensamientos, sentimientos y consejos desde la perspectiva de un padre de un niño en el espectro autista. Si tú tienes una familia tradicional o no-tradicional, o si tú eres una madre soltera que únicamente tiene apoyo de parte de familiares o amigos, como sea tu situación, estoy convencida de que vas a aprender que ser padre o madre de un niño con necesidades especiales es de verdad un esfuerzo de equipo. Quien sea tu compañero de equipo—ya que sea un esposo, tu ex, un maestro, una amiga maravillosa, o tu propio padre o madre—la perspectiva de Seth, no solo como padre de William pero también como *mi sistema principal de apoyo*, te ofrece sabiduría para navegar este camino. Te queda mucho trabajo por delante y por eso este libro es corto y directo. No tienes tiempo para preocuparte por las razones por las que esto pasó a como pasó. Son demasiadas, te prometo y ninguna explicación te va a parecer suficiente, de todas formas. Tu mundo está cambiando rápidamente, entonces empecemos.

uno

Ya estoy preocupada:
¿Qué debo hacer ahora?

Todo lo puedo en Cristo que me fortalece.
— Filipenses 4:13

"Frío" fue la primera palabra que William dijo a los catorce meses. Recuerdo que yo estaba parada enfrente de la refrigeradora, viéndolo tambalear cerca y estaba pensando lo gracioso que era que él hubiera escogido esa palabra como su primera. Sí hacía frío con la puerta de la refrigeradora abierta, pero, ¿no habíamos estado repitiendo "La vaca dice *muu*!" y "El perro dice *woof*!" como un trillón de veces? ¿Cuántas veces le había dicho la palabra "frío" a William? Pocas veces. Pero esa fue la palabra que él dijo primero. En el momento me pareció extraño, pero también, como cualquiera madre, estaba contenta. De hecho, yo sentí que habíamos alcanzado un gran logro; ahora él empezaría hablar y todo nos saldría bien. Pero, a los dieciséis meses, yo sabía que su lenguaje no estaba avanzando ni funcionando como sus compañeros de su misma edad; él podía aprender palabras nuevas pero las decía solamente como cada tres semanas. Sí fue un logro, solo que no era el logro que yo pensaba en el momento. No solamente era su lenguaje expresivo lo que me preocupaba; yo tenía en mi mente un listado pequeño, que crecía poco a poco. Cuando William cumplió los diecisiete meses, ya no quise esperar más, entonces llamé al Centro de Intervención Temprana (ECI, por sus siglas en inglés *Early*

Childhood Intervention) en Texas, una organización que ya conocía por motivo de mi trabajo antes de que naciera William. Cada estado tiene un nombre distinto para esta clase de servicios y por el hecho de que estos servicios son locales al área donde vives, tú tienes que informarte. Puedes encontrar el nombre de tu programa específico al buscar en el sitio de Internet Autism Speaks (El Autismo Habla). Este programa local ofrece a los niños de hasta tres años de edad una variedad de servicios incluyendo la terapia del habla, terapia ocupacional y la terapia física. ¿Entendiste eso? Eso quiere decir que si tú estás cuestionando el desarrollo de tu niño así sea un poquitito, tienes una organización local que puede ayudarte. Estos profesionales vendrán a tu casa para ver si hay necesidad de estos servicios. Si hay una necesidad, ellos la hallarán. Las evaluaciones son completas. Sin embargo, tu niño no necesita un diagnóstico para recibir servicios a través de este programa en particular. Cuando ellos decidan que hay una necesidad, tú empezarás a recibir los servicios. No puedo enfatizarlo suficiente la importancia de buscar un programa de intervención en tu área. Apúntense para todo lo que les ofrecen; sería uno de los programas de servicio más importantes disponibles para Uds. durante toda esta experiencia. No es demasiado caro porque cobran de acuerdo con la capacidad de pago y los encargados son profesionales que trabajan en tu casa, ayudándote tanto a ti como a tu hijo. Aprovecha.

Lo que aprendimos cuando ECI vino a evaluar a William fue lo que ya sabía: el desarrollo de su habla estaba atrasado. Pero al escucharlo de una persona diferente, objetiva—alguien capacitado para evaluar tales cosas y quien no estaba tan involucrada emocionalmente y preocupada como yo—me obligó a poner atención a los otros detalles que había notado. Otras preocupaciones en mi listado también empezaron a crecer: la falta de contacto visual, el que aleteaba las manos, el poco reconocimiento de lo que estaba a su alrededor. Empezamos a recibir los servicios inmediatamente, sin un diagnóstico formal, lo cual fue un alivio porque yo no estaba lista para tratar con esa posibilidad todavía.

Nuestro programa local de cero a tres años nos dio un apoyo tremendo. ¿Por qué? Una razón es porque la pedí. Cuando se decidió que él sí iba a recibir los servicios, yo pedí todo lo que existía bajo el sol y más. Cuando empezaron a trabajar con William en la terapia del habla una vez a la semana, llamé para pedir dos días a la semana. ¿Sabes qué? Me lo dieron. Si tú quieres recibir lo máximo de un servicio, no tengas miedo de pedir lo que quieres; puede ser que esté disponible. Tú eres la defensora de tu hijo, así que debes de hacer preguntas, tomar notas, preguntar más y ser persistente—pero acuérdate de cuidar tus modales. Tú quieres que estos profesionales te respeten y los gritos o las demandas solo te van a llevar a más sufrimiento y decepción para todos los involucrados. Mi lema: pedir algo con una sonrisa y una buena disposición.

Hay tantos asuntos cuando se trata de un niño con demoras en el lenguaje expresivo. ¿Qué podría ser? ¿Es solamente una demora en el lenguaje que podría resolverse con la terapia del habla?

La primera cosa que hicimos después de comunicarnos con ECI y reconocer la demora del habla fue una prueba de los oídos. Si tu niño tiene una demora de su lenguaje expresivo, recomiendo fuertemente que se haga primero una prueba de audición. El hijo de una amiga mía tuvo una demora del desarrollo del habla y recibió muchas terapias, pero no avanzaba lo suficiente. Al final examinaron la audición del niño y se dieron cuenta que sí, el niño tenía una pérdida de su audición. No solamente fue la madre quien sufrió la angustia de que su hijo no fuera examinado antes, sino que el niño también experimentó estrés y frustración antes de que se le descubriera su verdadero problema. La lección: ¡Hagan una prueba de oídos!

Recuerdo cuando estaba en el cuarto de examen con William mientras él aprobaba cada prueba perfectamente y notaba la mirada del audiólogo que me marcaba como "una madre demasiado preocupada." A pesar de que yo estaba casi segura de que William no tenía ninguna clase de problema con la audición, tenía que estar completamente segura antes de empezar la terapia. Después de que él pasó todas las pruebas de audición perfectamente, seguimos a la pregunta lógica: ¿si él podía escuchar perfectamente, entonces porque se comportaba como si no pudiera escuchar a veces y porque seguía creciendo mi listado de preocupaciones?

dos

El Diagnóstico y la Intervención Temprana

Pero una cosa hago: olvidando ciertamente lo que queda atrás,
y extendiéndome a lo que está delante.
— *Filipenses 3:13*

Aunque ya sabía que William necesitaba una intervención especial, todavía rezaba todas las noches que yo solo fuera una madre demasiado preocupada, como había pensado el audiólogo. Recuerdo el día que cambió todo. William estaba en el cuarto de jugar y estaba muy concentrado en sus carritos y me le acerqué por atrás golpeando fuertemente un sartén con una cuchara. Él no reaccionó para nada. Estaba concentrado totalmente en sus juguetes sin estar consciente de su alrededor. Ese fue el momento para mí. Ese incidente, combinado con todas las demás preocupaciones, al fin me abrieron los ojos. Volví tristemente a la sala, me senté y lloré. No quería que fuera cierto. Pero lo más importante, sabía que tenía que ser muy proactiva.

Dice Seth . . .

Tienes que tirar tus expectativas. "Hijo de tigre sale pintado." "Como padre, está el hijo." "De tal palo, tal astilla." Apostaría que todos los padres, cuando se enteran que van a tener a un varón, inmediatamente empiezan a establecer metas para sus hijos: "El será el mariscal de los

Longhorns de Texas." O, "Luego le voy a enseñar a jugar golf." O, "Le enseñaré a montar a caballo mejor que yo." Lo que sea el pasatiempo del papá, él quiere que su hijo lo comparta—y quiere que su hijo sea mejor que él mismo.

Los papás piensan que serán juzgados por que tan bien sus hijos pueden tirar un basquetbol, destazar a un venado, o saber todas las universidades de todos los jugadores de fútbol americano y cuando te das cuenta que tu hijo tiene autismo, como papá sientes una perdida enorme. Te sientes deprimido de que nunca tendrás la oportunidad de enseñarlo como amarrar una mosca como señuelo para pescar, tirar un espiral perfecto, o pegar perfectamente a la pelota de golf. Si tienes una hija, el dolor de corazón está allí todavía. Tal vez no vas a sentir tanto la pérdida de enseñarle a jugar fútbol, pero todavía vas a estar afligido. Vas a echar de menos que no la puedas enseñar a manejar algún día, o tal vez te lamentarás por no tener la oportunidad de defenderla de los muchachos cuando ella crezca.

¿Es el derecho de todo papá ser entrenador del equipo de futbol de su hijo, verdad?

No es nada gracioso cuando un papá se da cuenta que no va a vivir la gloria a través de su hijo por las necesidades especiales de su hijo. No es agradable cuando un papá se da cuenta que su hijo probablemente nunca logrará el tiro ganador mientras suena el timbre—o que él ni siquiera va a querer estar en esa clase de ambiente. Es muy deprimente y absolutamente abrumador, no solamente porque estamos afligidos por las cosas que nuestros niños no experimentarán, sino también porque estamos entrenados que es un rito de paso que les pasamos a nuestros niños nuestros pasatiempos, deseos y habilidades . . . y eso probablemente no va a ocurrir. Lo más rápido que un padre pueda desprenderse de esas expectativas, lo mejor será para todos los involucrados— su esposa, su hijo, sus otros hijos y él mismo.

Estaba afligida, estoy afligida, y estaré afligida—es un ciclo. Para poder ser la mejor defensora, tienes que seguir adelante. Tú puedes hacer las dos cosas—lo tendrás que hacer. ¿Lo vas a hacer sola? Claro que no, necesitarás del apoyo de tus familiares y amistades y profesionales calificados. Tú tienes que abrirte tu misma, aún mientras que estás afligida, para que aprendas más sobre cómo ayudar a tu niño. Había días, muchos días, cuando ni siquiera quise levantarme de la cama. Tienes que afligirte, es un proceso natural que cambiará con el tiempo. Habláremos más en detalle sobre el entendimiento del dolor y el proceso diario de aguantar la pesadumbre en el capítulo siguiente.

Después del incidente con el sartén y la cuchara—después del día que *supe*—mi esposo y yo decidimos llevar a William a un pediatra especializado en el desarrollo. Hallamos uno al preguntarle a nuestro pediatra normal por un listado de especialistas en el autismo. Los especialistas de autismo tienen un rango amplio de títulos, pero algunos incluyen "pediatra del desarrollo" y "pediatra neurólogo." Si tu pediatra no piensa que es necesario hacer esa llamada y tú sientes que necesitas más respuestas a tus preguntas relacionadas al desarrollo de tu niño, entonces haz la llamada, sin que te haya remitido, y toma ese paso inicial tú misma. No dudes de ti misma; si tienes preocupaciones, es mejor tratar con ellas y equivocarse que ignorarlas y enterarse después de que tus preocupaciones fueron legítimas. Agarra el teléfono y pide una cita. Hazlo ya porque puede ser que la lista de espera sea larga. Si es larga, agrega tu nombre al listado para cancelaciones y llama incesantemente para tener tu cita antes de la fecha establecida. No solamente está bien que seas insistente, de hecho, es sumamente importante.

Durante nuestra cita inicial con el pediatra del desarrollo, yo traje notas, muchas notas, específicas a William y mis observaciones de él. Escribe notas, listas, cualquier cosa que tú necesites y llévalas contigo cuando veas a los médicos y especialistas—todo el proceso puede ser abrumador y si no lo tienes todo por escrito, vas a olvidar mencionar algo o hacer preguntas importantes. Tienes que conocer bien a tu niño y saber como él responde a su alrededor para que puedas contestar las preguntas lo mejor que puedas. Entre más sepas, más específica será la ayuda que conseguirás. Yo tenía muchas preguntas también. Las había apuntado y el listado era largo. Revisamos cada una. Pregunta tantas cosas como quieras—de verdad, tú tienes todo el derecho. Después de contestar mis preguntas y hablar de toda la vida de mi niño, el pediatra del desarrollo me dijo que ella pensaba que sí William de hecho tenía PDD-NOS. ¿Pero que implica eso para ti, si tu niño recibe un diagnóstico de PDD-NOS? Se escucha mucho del autismo, pero no tanto sobre PDD-NOS. Significa que tu niño tiene algunas características del autismo pero no suficiente para recibir el diagnóstico con el término establecido "autismo." Es un diagnóstico amplio, utilizado cuando no todos las características principales del autismo están presentes. Los proveedores de servicios de salud posiblemente no dan un diagnóstico de PDD-NOS hasta que han considerado todas los demás "clases" de autismo; ellos llegan a su conclusión después de lo que es básicamente un proceso de eliminación.

¿Es mejor estar etiquetado con PDD-NOS en vez de autismo? No necesariamente—es simplemente lo que tu hijo está mostrando en ese momento en particular de su vida. Los niños cambian; en cuanto al desarrollo, cualquier niño puede mostrar más o menos características durante el transcurso del tiempo. De alguna medida eso te puede favorecer a ti también. Si tú te sientes especialmente desanimada por un diagnóstico o te parece imposible la montaña que te toca subir, no te olvides que un diagnóstico no es una sentencia de muerte—los niños siempre cambian mientras crecen, y algunos niños podrían mostrar más comportamientos "típicos" y menos comportamientos "autistas" mientras van creciendo.

Tal vez estás pensando, *Ay, yo no quiero que marquen a mi niño así.* Comprendo eso, pero tú tienes que superarlo. Si tiene que recibir esa etiqueta para recibir la ayuda que necesita más rápido, estoy a favor de la marca. Tienes que hacer que funcione a tu favor. Si tienes como meta que la compañía de seguros pague los servicios, vas a necesitar un diagnóstico formal—será imposible conseguir la cobertura sin un diagnóstico formal. Tu niño no tiene que llevar consigo un letrero que dice "Autista" o "PDD-NOS" por toda su vida. Nadie le va a poner una marca; y lo más importante, no hay ninguna razón para que la calidad de vida de tu niño, o sus logros y fracasos, estén afectados por esta etiqueta a no ser que tú lo permitas.

Como mencioné anteriormente, tal vez puedes pasar un tiempo sin un diagnóstico formal o "etiqueta". Durante nuestro tiempo con ECI, un diagnóstico no fue necesario para la intervención. Ellos solamente vinieron a mi casa, hicieron una evaluación, recomendaron ciertas terapias, y empezaron el proceso. No fue hasta que William tuvo dos años y medio que él fue diagnosticado y para entonces ya estaba recibiendo varios servicios buenos. Pero lo digo de nuevo: Cuando llegue el momento en el que es necesario un diagnóstico formal para conseguir servicios o para la cobertura de la compañía de seguros para algo, no lo evites. Es un paso adelante en el proceso de ayudar a tu hijo o hija.

tres

La Aflicción, el Apoyo y el Panorama

Bienaventurado el hombre que soporta la tentación, porque cuando
haya resistido la prueba, recibirá la corona de vida,
que Dios ha prometido a los que lo aman.
— *Santiago 1:12*

Como los demás padres de familia con niños en el espectro autista,
tú vas a enfrentar muchos desafíos, empezando con la falta de
comprensión y sensibilidad de muchas personas que desconocen tu
situación. Pensarán que tu hijo "está portándose mal" y a ti te verán
como una madre incapaz de "controlarlo." Eso puede ser aún más
cierto si tu niño está más cerca al lado PDD-NOS del espectro, porque
no se puede clasificar estos niños en las categorías más reconocidas
de los trastornos del espectro autista.

Por otro lado, si tu niño se comporta más como sus compañeros
"normales" de su misma edad mientras está en público, tal vez verás
que los demás completamente ignoran fácilmente tus preocupaciones
sobre la situación. Aún después del diagnóstico a veces platicaba con
una madre de niños "normales" y ella se apresuraba a asegurarme "Ay,
mi hijo hace la misma cosa, es normal."

A veces tratar con esta reacción es lo más difícil. Después de todo,
me doy cuenta que estas madres están intentando consolarme o
calmarme al tratar de convencerme de que mi hijo es normal, pero
queda el hecho de que William *no* es típico, a pesar de lo mucho que
quisiera que fuera de otra manera. Si él muestra comportamientos

normales, él lo hace como resultado de *horas* o *días* de trabajo y terapia intensiva. Tampoco quiero lástima ni algo regalado de estas señoras—no estoy buscando que me aseguren que mi hijo es normal. Sería mucho mejor si pudieran responder con empatía y comprensión en vez de intentar invalidar lo que sé con certeza.

No puedo expresarte cuanto necesitas y vas a seguir necesitando el apoyo. Tú necesitas apoyo para que tengas suficiente energía para ser la defensora de tu hijo. Tienes que dormir cuando pueda. Necesitas dormir o te volverás loca . . . Hablo con experiencia. Tomen turnos con tu pareja u otra persona que te apoye y establezcan alguna clase de horario, especialmente durante los momentos difíciles. No dormir bien o hacer demasiado a la vez te va a costar paciencia y tiempo de calidad con tu hijo, y ni él ni tú podrán avanzar cuando si te encuentras ya en tu limite mental, físico o emocional.

Algunos días serán peores que otros. Los días "buenos" te darán paciencia y energía para los días difíciles. Vas a tener descansos—van a ver días buenos—así que si estás en medio de un día "malo", solamente ten en mente que mañana puede ser totalmente diferente. No queremos tomar en vano los días buenos porque sabemos que son preciosos.

Durante los años tempranos con William, yo entraba al garaje y gritaba lo más fuerte que podía solo para sacar la frustración. Es bastante difícil y desafiante no poder entender completamente lo que quiere o necesita tu hijo. La falta de lenguaje puede afectar a toda la familia. Créeme eso, no hay nadie en el mundo que ame a mi hijo más que yo—solo Dios lo ama más—pero habían y hay momentos en que yo quería que todo se desapareciera.

Yo creo en Cristo y me da consuelo saber que Él ama a mi hijo aún más que yo y que Él lo creó perfecto en sus ojos. No fue por casualidad que William nos fue entregado. Durante los últimos cuatro años, mi esposo y yo hemos aprendido a trabajar juntos como equipo y hemos afrontado los desafíos difíciles y agotadores que ha enfrentado nuestra familia. Te prometo que vas a conocer una cantidad tremenda de paciencia que nunca supiste que existía dentro de ti. La manera en que enfrentas los retos cambiará con el tiempo y tú vas a acostumbrarte y a sentirte más cómoda al enfrentar las preocupaciones y los comportamientos que surgen diariamente. Hay situaciones nuevas todas los días y tú vas a trabajar constantemente en cambiar, modificar y disciplinar los comportamientos no deseados. Cada día trae algo nuevo y diferente para los niños autistas y vas a sentir que nunca vas a hacer bien las cosas porque cada día trae nuevos retos. Te puedo asegurar que se hace más fácil con el tiempo. Tienes que entender tu propia fortaleza y conocer a fondo tus reservas de paciencia y amor. Todo esto ayuda a hacer las cosas más fáciles a medida que lo vives.

Es importante que tú tengas suficiente energía para estos niños preciosos, pero también necesitas tiempo para recargar tu energía. En serio, un aspecto de tu camino para aprender cómo ayudar a tu niño es también aprender a ayudarte a ti misma—a equilibrar la meta principal del bienestar y el desarrollo de tu niño con el bienestar tuyo. De nuevo, no puedes ser una buena defensora para tu hijo si nunca tienes tiempo para recargar tu energía.

Además de apartar tiempo a solas para ti misma, aparta tiempo para tu esposo. Aún en los días cuando estés agotada y ya tengan planeado salir pero tú no tengas ganas de salir, debes hacerlo. Por lo menos la mitad de las veces no te vas a sentir animada. Pero continúa con el plan de salir con tu esposo de todos modos. Es importante para ambos. Es una buena manera de hablar de otro tema y recuperar tus otros papeles: esposa, amiga, amante. Si no tienes familia o amigos cercanos que puedan cuidar los niños unas horas, busca en la iglesia. Llama a unas universidades locales para localizar estudiantes que estén estudiando educación especial o el análisis del comportamiento aplicado. Una trabajadora social también tiene conexiones fuertes en la comunidad. Puede ser una manera genial para hallar una niñera competente para un niño con necesidades especiales. Tu matrimonio debe ser una prioridad, a pesar de que los familiares estén lejos o los amigos no estén disponibles.

Dice Seth . . .

Una consejo breve para los padres con un hijo con necesidades especiales: ¡Salgan! En serio, un matrimonio ya es suficiente difícil y extenuante con los niños "normales;" multiplica eso por miles cuando tratas con un niño con necesidades especiales. Tienen que tener tiempo entre Uds. como pareja.

Algo que Melanie y yo hemos empezado hacer es dejar los niños con amigos o familiares y salimos toda una noche. Si eso no es posible para ti, está bien. No tiene que ser una cita de toda una noche; gasten los diez dólares la hora para una niñera y váyanse a la librería, vayan a tomar un café o una bebida, salgan a cenar a un restaurante, al cine, que estén juntos—tú lo necesitas.

Creo que son buenos consejos para todos los esposos y esposas, no solamente los que tienen niños especiales. Si no toman unos momentos para pasar juntos, entonces no va a durar. Tal vez lograrás unos meses o años, pero al final, no tomar tiempo suficiente como pareja condenará tu matrimonio al fracaso.

Busca un grupo de apoyo o empieza uno tú misma. Cuando William cumplió tres años y empezó a estudiar en la escuela Jane Justin, la primera cosa que hice fue crear un grupo de mamás. Nos encontrábamos para tomar un café una vez al mes después de dejar nuestros niños en la escuela a las 8:15 de la mañana y platicábamos de todo—era un espacio seguro. Normalmente nos juntábamos durante una o dos horas. No solamente era un buen tiempo para hacerles preguntas a las madres más experimentadas, sino también era una bendición para pasar un buen momento agradable con un grupo de mujeres fuertes e inspiradoras. Este no es un tiempo para ignorar las amistades o familiares y esconderse. Tienes que hallar unos amigos que puedan cuidar a tu niño mientras tú tomas un tiempo para ti misma. Estas personas van a ser tu salida para mantener la buena salud mental.

Dice Seth . . .

Una de las bendiciones grandes en mi vida desde que nació William es que cada viernes a las 7:15 de la mañana me encuentro con algunos amigos (bueno, no todos llegan a la hora) para desayunar. Aprendí este ritual de mi papá, que siempre se reunía con sus amigos de vez en cuando en un lugar específico para encontrarse y platicar y apoyarse entre ellos.

Nosotros los hombres no tenemos esta oportunidad muy seguido, ¡qué vergüenza!

Valoro a mi esposa enormemente. Tenemos que estar juntos en el equipo para poder hacer funcionar un matrimonio y una familia con un niño con necesidades especiales. Ella es una fuente de fortaleza y energía. Pero yo también necesito escaparme. Todos necesitamos un rato libre—aún los que no tienen un niño con necesidades especiales.

Empecé a desayunar con amigos antes de que Melanie y yo nos casáramos. Es una buena oportunidad para el compañerismo y bromearnos y también para establecer lazos fuertes con otros hombres. A veces solo hablamos de programas de televisión, del trabajo, asuntos en la casa, o a veces solo hay lágrimas y nada más.

Los padres de niños con necesidades especiales necesitan tener una oportunidad de expresarse libremente así. Si no tienes alguna clase de escape—amigos con quienes puedas hablar sin el miedo de dejar la impresión de que tú eres una persona horrible—vas a explotar y no será nada bonito.

No puedo imaginarme no tener mi manojo de desayuno del viernes. Cuando empezamos, una de las esposas lo llamó "El Grupo de desayuno de los jóvenes mocosos" porque su esposo era uno de los mayores. Ahora, somos el "Manojo del desayuno" porque, aunque somos todos mocosos de alguna manera (yo más que nadie), ya no podemos clasificarnos de jóvenes. Así es la vida.

Hombres, especialmente los que tienen niños con necesidades especiales—busquen un grupo con el que puedan hablar, en el que puedan confiar, para que puedan crecer y compartir. Eso no es para reemplazar el papel de tu esposa, pero hay veces cuando sencillamente necesitas un amigo con quien hablar para decir algo que tal vez ella no entendería de la manera que tú quieres, o tal vez quieres hablar algo con tu amigo antes de hablarlo con tu esposa. Tal vez quieres desahogarte sin agregar más peso sobre los hombros de ella. De una forma o de otra vas a necesitar algunos amigos que te apoyen.

Cuando un berrinche se vuelve algo más grande y más complicado debido a la falta de expresión verbal y comprensión de parte de tu niño, vas a enfrentar el reto enorme de tomar buenas decisiones para tu hijo y tu familia entera. Es un trabajo muy, muy difícil jugar malabares con las necesidades de todas las personas que tú amas, especialmente cuando parece que estas necesidades están en conflicto. Tener un niño pequeño ya requiere bastante habilidad de hacer muchas tareas a la vez; un niño con necesidades especiales de veras te va a poner a prueba. Por eso, tengo que enfatizarlo: no puedes hacer todo eso sola—es demasiado grande y abrumador aún para la madre más organizada, animada, hábil para múltiples tareas y dedicada. Necesitas a profesionales en los que confíes y familia y amigos para apoyarte.

Las oraciones diarias y apoyo de una iglesia pueden ser de bastante ayuda y vigorizantes. He escuchado a muchas madres que dicen que intentaron en la iglesia, incluyendo las iglesias con ministerios en necesidades especiales y alguien les solicitó que se fueran debido al hecho de que sus niños hacían ruido o interrumpían. ¡Ninguna iglesia debería comportarse de esa manera! Mi consejo es: ¡busca otra iglesia! No te prives a ti misma y a tu familia de este recurso tan importante y reanimador—vas a perder un apoyo valioso si lo haces. Busca una iglesia más apta para tus necesidades; en algún momento necesitarás el refuerzo y el compañerismo.

No estoy contando toda la historia si no menciono las muchas bendiciones que son parte de ser madre de un niño con necesidades especiales. Claro que hay bendiciones. Siempre estamos riendo con alegría de las cosas que William dice y hace, porque sabemos que él ha avanzado día tras día. PDD-NOS no define quien es mi hijo, es solamente una característica que él tiene. William ama, crea y construye. Es deliciosamente refrescante y sincero. Es muy sensible y se acuerda de todo. Él tiene un sentido de humor seco que puede llevar a tu alma y corazón preocupados hasta la risa. Él es mi hijo, tenga o no PDD-NOS.

Dice Seth . . .

No digo que es fácil o que la tristeza se termine automáticamente, porque no es así. Siempre me va a doler pensar que mi hijo tal vez nunca querrá ir a ver a los Longhorns de Texas en un partido de fútbol americano, o que él nunca va a poder estar suficiente calmado y poner suficiente atención para ver *Star Wars* por primera vez. Me rompe el corazón. Pero amo a mi hijo. Estoy orgulloso de él también. Es cierto que él no es como yo hubiera escogido pero es mío y siempre será mi hijo y es mi gozo y mi orgullo. Deseo que mis expectativas sean cumplidas, pero algunas de ellas quizás nunca lo serán. Tan pronto como lo acepté me dije a mi mismo que debía superarlo y noté una diferencia en mi relación con él.

Bueno él nunca será el armador para los Spurs de San Antonio. Tal vez nunca jugará ningún deporte organizado y estoy bien con eso. Pero nunca sabes . . . tal vez él tendrá una habilidad en algo que me llama la atención . . . tal vez tendré la oportunidad de enseñarle algo que sé bien como hacer . . . tal vez iremos algún día a Nueva York y ver los shows de Broadway igual que hizo mi papá conmigo. Cuando llegue ese día entonces estaré demasiado feliz y lleno de alegría. Y si ese día no llega aún así estoy lleno de alegría de que tengo a mi hijo, que él tiene mi nombre y nada de eso tiene que ver con mis expectativas—tiene que ver con amar a un niño que no es "normal" pero quien *sí es* una criatura especial de Dios y alguien de quien estoy orgulloso.

cuatro

Fijar las Metas Altas

Esforzaos y cobrad ánimo; no temáis, ni tengáis miedo de ellos, porque
Jehová tu Dios es el que va contigo; no te dejará, ni te desamparará . . . .
Él estará contigo, no temas ni te intimides.
—*Deuteronomio 31:6, 8*

Cada día es un día nuevo. Un día nuevo para ti para arrancar de nuevo,
un día nuevo para trabajar con tu hijo, un día nuevo para amar a tu hijo
y aceptar lo que no cambia mientras animas a tu niño a crecer y avanzar
a la vez. Requiere fortaleza y sabiduría reconocer la diferencia.

Como tal vez ya sabes, cada niño con cualquier clase de trastorno
generalizado del desarrollo es distinto. Cada niño posee calidades
distintas que lo hace único en el espectro. Algunos de tus retos van a
ser diferentes de los retos de otras personas, mientras otros van a ser
muy parecidos. La peor cosa que podrías hacer es rendirte. Todos los
niños avanzan cuando tienen la oportunidad. Este progreso tal vez
no va a ser igual al que tú esperabas o puede ser que se manifieste
en una forma distinta de tus expectativas, pero todavía es progreso.
Recuerdo cuando yo trabajé con una niña con autismo severo que era
no verbal mientras que estaba embarazada con William. Ella no tenía
ninguna manera de expresarse y a nadie se le había ocurrido enseñarle
el idioma de señas. Ella aprendió más de veinte palabras dentro de los
primeros dos meses que trabajé con ella. Nunca subestimes a tu hijo.
Ellos sí pueden y van a alcanzar ciertas expectativas que tienes para
ellos.

Tengo tres reglas importantes que recuerdo diariamente cuando estoy trabajando con mi niño:

Regla #1: El hecho de que tu hijo tiene autismo o PDD-NOS no implica que todas las acciones que ellos hacen es debido a su autismo o PDD-NOS. En algún momento todos los niños desobedecen y tienen berrinches y eso es parte del proceso natural del crecimiento debido a la inmadurez o el cansancio. Antes pensábamos que cada vez que él explotaba en un berrinche, era por su PDD-NOS. Ahora lo sé mejor y ya no creo eso—y ¿por qué debo creer eso? Estoy muy feliz de que él muestre algunos comportamientos "normales" de sus compañeros de su misma edad.

Regla #2 : Hacer todo lo que puedas para ayudar a tu hijo no quiere decir que deba consumir toda tu vida. Tienes una vida aparte de ayudar a tu hijo. Algunos de ustedes lectores son esposas de sus maridos, maridos de sus esposas y madres y padres de otros hijos. También eres una amiga, una hermana, un hijo o hija o una empleada. En la casa, debe haber pláticas abiertas y constantes sobre como ajustar y cambiar las situaciones para beneficiar a tu familia entera, no solamente a tu hijo especial. La comunicación no es solamente saludable para tu matrimonio, sino que también es fundamental para que sobreviva tu matrimonio. Algunas estadísticas indican que 80 por ciento de los matrimonios con un niño autista resultan en divorcio. Cualquier que sea el porcentaje, las probabilidades están en contra de nosotros. La comunicación es una necesidad y si tus necesidades y las de tu esposo no están cumplidas, van a empezar a distanciarse.

Regla #3: Es importante fijar metas altas para tu hijo mientras tratas con los retos diarios que enfrentarás. Creo fuertemente que las metas altas no solamente van a alimentar a tu hijo sino que también le darán confianza, estímulo y un deseo en ese niño de desenvolverse y alcanzar estas metas. Bueno, los pasos para sobrepasar los obstáculos en el camino para alcanzar las metas tal vez no se manifestarán igual que como lo harían si fueran en otros niños "normales", pero el concepto es muy parecido. No se debe de subestimar a ningún niño. Fija las metas altas para que no exista ninguna diferencia entre donde está tu hijo ahora y donde podría estar con el tiempo.

Estas tres reglas me ayudan a mantener un buen camino y a mantener la perspectiva sobre William y sus luchas. Sus problemas no deben de eclipsar las necesidades de la familia entera y en ningún momento su estatus como niño con necesidades especiales debe de permitirle el derecho de comportarse mal indefinidamente. Si hubiéramos aceptado cada uno de los comportamientos negativos y no deseados, él hubiera sido un niño totalmente diferente hoy. Todavía lucho con aceptar sus "comportamientos inmutables"—estos comportamientos que no van a cambiar ni hoy ni mañana—pero he aprendido que aún algunos de estos comportamientos pueden cambiar o modificarse con el tiempo. Los pasos son más lentos cuando estás trabajando con esta clase de conducta y a veces nos ha llevado en direcciones que nunca pensé, pero el progreso es progreso no importa como se mire.

Nos tardó años en ensenarle a William ir al baño. Esos sí fueron tiempos de pesadilla, porque uno de sus hábitos era manchar los paredes y los muebles de su recamara con heces. Soy una persona sumamente limpia e intentaba vigilarle cada momento pero él era muy rápido. A veces, una hora después de acostarlo a dormir, yo entraba para verlo y el olor me esperaba tan pronto como entraba al cuarto. Intentamos todo y nada funcionó. Mis gritos y llantos no le afectaban, dentro de unos minutos ya estaba viendo a la distancia y riéndose. Hice muchos, muchos viajes al garaje, donde gritaba para soltar la frustración. Pero tuve que acordarme que no era personal: entregar todo mi enojo hacia mi niño no tenía sentido y la atención podría haber sido un refuerzo no deseado.

Además de estar inmune a mi enojo o mi exigencia, William, como muchos niños con trastornos del espectro autista, tiene una tolerancia al dolor muy alto. La disciplina física en cualquier situación con William no tenía sentido. En la etapa cuando él tenía el hábito de esparcir los heces en los paredes y la alfombra, él "hacía su hecho", recibía un regaño y volvía a hacerlo de nuevo una media hora después. Lo que al final funcionó fue que empezamos a quitarle sus privilegios, pero intentamos tantas cosas antes de hallar una solución. Estoy totalmente convencida de que si no hubiéramos insistido, perseverado y vuelto un poco locos y creativos por momentos, él estaría todavía en pañales, regando los heces en las paredes. Mi punto es, nunca puedes rendirte y pensar *Eso es todo, nunca cambiará*. Si lo piensas, es cierto que se quedará igual. ¿Entonces, cómo sabes cuándo y dónde debes de insistir y cuándo y dónde aceptar? Amas a tu hijo; estás motivado por el amor; y por supuesto quieres que esté lo más saludable y avanzado posible. ¿Dónde está esa línea invisible y cómo la hallas? Primero y sé que suena cliché, pero le aconsejaré que tome todo un día a la vez. Acepta las cosas que no puedes cambiar de un día al otro. Tranquilízate y dite a ti misma "Ok, él no puede hacer eso hoy pero tal vez mañana." No mires hacia el futuro muy lejos para descartar las cosas que tú piensas que tú niño nunca podrá lograr. Así es de sencillo. No sé qué va a poder hacer William dentro de cinco años, pero sí tengo una idea de lo que yo quiero que él logre en ese tiempo. Esa es la gran diferencia entre aceptar los eventos temporales "inmutables" y aceptar que tu hijo nunca aprenderá algo. Prefiero hacer lo primero.

Otro aspecto de la regla de "un día a la vez" es la observación diaria y el tiempo que pasas con tu hijo. Yo sabía que William tenía el potencial para superar muchos obstáculos y desafíos solamente por lo que había observado en la casa. Él entendía mucho de lo que le decía y podía seguir las instrucciones sencillas. Eso me dio una oportunidad para trabajar más con él. Por ejemplo, viendo que él podía meter sus juguetes en una caja, pensé, entonces porque no le puedo enseñar a ordenar el área después del tiempo de juego. ¡Antes de que me diera cuenta empezó a hacerlo! Es crucial poner tiempo y esfuerzo para que tu niño construya esa habilidad o conducta deseada para su éxito. Haciendo las actividades "mano-sobre-mano" desde el principio puede resultar en más independencia más adelante. Tú pones las manos encima de las manos de tu hijo y haces la acción por él, pero él todavía tiene que participar. Haces esto hasta que puedes empezar a disminuir tu propia acción o participación poco a poco, hasta que al fin tu niño haya alcanzado su meta independientemente y sin tu ayuda. Para más información sobre esto y otras técnicas importantes de enseñanza, puedes contactar a un analista de comportamiento certificado. Tienes que fijar los pasos hacia el éxito y no esperar solamente a que un día de repente lo alcance. Se requiere de tiempo para que el cambio se produzca pero al usar las reglas y métodos presentados en los siguientes capítulos, estarás en camino hacia lograr avances en tu propia casa y no solamente con una terapista en un ambiente formal.

¿Qué otra manera existe para hallar esa línea? Para mí era muy útil conseguir la opinión de las otras personas que trabajaban con William y así entender mejor su verdadero potencial. Busqué profesionales afuera de mi propia área de conocimiento. Le hicieron exámenes de inteligencia y niveles de logros. Eso me dio más información en que apoyarme. Cada niño tiene el potencial para tener éxito y hacer avances del desarrollo—y los niños con autismo no son la excepción. Tal vez eso es la cosa más difícil de escuchar si estás todavía angustiada sobre el diagnóstico: el "asumir" que un diagnóstico de autismo es algo parecido a una sentencia de muerte va a retrasar a tu niño más que el autismo en sí. Tienes que enfrentar estos sentimientos, porque tu niño va a necesitar que tú lo impulses a ser mejor y que tengas fe que él lo va a ser.

Dice Seth . . .

La disciplina es algo con que he luchado bastante durante los cinco años y más que hemos tenido a William. No me criaron con una mano dura de ninguna manera, pero creo bastante en el principio de que sin importar tu edad, hay consecuencias para tus acciones y comportamientos.

Siempre he pensado que los padres de familia deben dar a sus niños más crédito y darse cuenta que sus niños reconocen lo que está bien y lo que está mal desde una edad temprana. Si les enseñan a que hay consecuencias no divertidas para las malas decisiones y comportamiento, aprenderán de eso. Acuérdate, los niños son como esponjas. El comportamiento malo = la disciplina. Diría que es una filosofía común para la mayoría de padres.

¿Pero qué pasa cuando se trata de un niño autista? Entonces casi que puedes tirar esa filosofía a la basura.

Los niños autistas no procesan las situaciones de su ambiente como los niños normales. No ven las cosas como tú. Las cosas no son tan blanco y negro, ni tan lineal ni básico para ellos. Tienes que saber que tu niño experimenta ciertas situaciones como si fuera la primera vez. Por ejemplo: horno caliente, niño curioso; el niño toca el horno caliente; el niño se quema la mano; el niño llora con dolor; así el niño aprende a no tocar el horno caliente.

¡Si fuera así de sencillo para los niños del espectro! Con algunos niños autistas, es más así: horno caliente, niño curioso; el niño toca el horno caliente; el niño llora; el día siguiente, el niño hace la misma cosa.

Entonces el consejo: sé consistente con las consecuencias. Si vas a disciplinar a tu hijo por algo que él hace una vez, sigue con eso y lo disciplinarás cada vez que él toma esa decisión mala. Ten paciencia. Tu hijo no está comprendiendo igual que tú comprendes. Tal vez él no puede juntar toda la secuencia de hechos en que la consecuencia resulta de una decisión mala. Entre más pronto reconozca la relación entre sus acciones y las consecuencias—que sean buenas o malas—mucho mejor. La meta es que algún día tu hijo sea lo más auto-sostenible posible. Si él no aprende a una edad temprana sobre las acciones y consecuencias, en el "mundo real" él tendrá una gran desventaja.

Estoy seguro de que hay padres de familia que no están de acuerdo conmigo. Ellos me dirán que su hijo no entiende lo que pasa y que soy cruel e injusto en mi punto de vista. Bueno, no estoy diciendo que soy experto o que sepa todo. Pero lo que le preguntaría a estos padres de familia es esto: ¿si no piensas que tu hijo puede entender la relación entre acciones negativas y las consecuencias, entonces como puede entender la relación entre acciones positivas y las consecuencias? Si mi hijo se sienta en la mesa y come su comida porque él sabe que hay un postre al final de la comida, entonces él también puede entender que si se sigue bajando de la silla y poniendo la comida en el piso, entonces le vamos a guiar hasta que cumpla con lo que esperamos. Se paciente. Se consistente. Se justo. Estés dispuesto a probar algo nuevo . . . porque vas a probarlo todo y mucho más.

Muchas personas me han preguntado, "¿Es difícil aceptar a William como es?" Hoy, sencillamente les contesto "Sí." Después explico que intento aceptar los comportamientos actuales no deseados pero voy a perseverar aún más mañana en trabajar hacia el comportamiento deseado.

Al principio cuando escuché esa palabra "aceptar" me parecía que era igual que rendirse o no alcanzar la meta. Tardé mucho tiempo para entender lo que de verdad significaba "aceptar" para mí y mi familia. Sí, es difícil cuando no tengo el control sobre sus avances diarios. Sí, quisiera que él superara los obstáculos más rápido de lo que él lo está haciendo. Pero lo que sé es que mi hijo sí es capaz de superar obstáculos grandes y hay mucho más que él y yo tenemos para lograr! Entonces existe un equilibrio entre aceptar y el deseo que nunca termina para seguir impulsándolo hacia el éxito.

cinco

Mírame los ojos

No tengo yo mayor gozo que oír
que mis hijos andan en la verdad.
— *3 Juan 1:4*

Tener a un niño con un desorden del espectro autista presenta desafíos diarios. Muchos de ellos provienen del niño pero también verás que muchas veces los amigos, familiares y otros pueden aportar a lo que ya es una situación difícil, a pesar de sus buenas intenciones. Eso ocurre muchas veces antes de un diagnóstico y puede ocurrir aún después, especialmente si tu hijo, como William, muchas veces muestra solamente algunos de los rasgos "clásicos" del autismo. La gente que no conoce a tu hijo tal vez ni se da cuenta que no es normal.

Los niños autistas, al criterio de quienes desconocen los desordenes del espectro autista, parecen distantes, indiferentes, irrespetuosos o hasta groseros. Eso puede ser algo difícil de manejar en los ambientes sociales. Hay ciertos comportamientos que esperamos entre nosotros, y cuando no se exhiben estos comportamientos, nuestra primera impresión es que es una falta de educación. El contacto visual es algo que la mayoría de nosotros tomamos por hecho—incluso lo esperamos de los niños chiquitos—y ha sido uno de nuestros retos más grandes con William.

Durante los primeros años de la vida de William—de hecho tan temprano como a los nueve meses—me di cuenta que William casi no hacía contacto visual con nosotros. Pero asumí que el contacto visual era algo que yo tenía que *enseñarle* a él. Especialmente porque William era mi primer hijo, no tenía ninguna idea; solamente pensé que cada logro iba a requerir trabajo. Solo después de tener a Margaret fue cuando supe lo fácil que es para los niños normales hacer contacto visual. A estas alturas, William ya había sido diagnosticado con PDD-NOS.

Hubo un tiempo antes de que nos diéramos cuenta cual era el problema en el que repetíamos el nombre de William muchas veces con la esperanza de que eso le llamaría la atención. Pero cuando fue diagnosticado, nos dijeron que debíamos ser muy específicos con él y decirle exactamente lo que queríamos que él hiciera. Entonces, en vez de decir "¡William!" y esperar que me mirara a la cara inmediatamente como lo hacía mi hija, aprendí a decirle "Mírame los ojos."

El contacto visual nunca fue fácil para William, pero sabíamos que si no hacía contacto visual con nosotros, sería aún más difícil hacerlo con los demás . . . y él tenía mucho que aprender. Aún hoy en día, todos los días, mi esposo y yo le decimos a William, "Mírame los ojos." Eso le ayuda a él a enfocarse y "mira" las palabras mientras salen de la boca. Le ayuda a organizar sus "pasos siguientes" cuando puede hacer contacto visual. El contacto visual no solamente es clave para las relaciones sociales y la aceptación, también es necesaria para enseñar las reglas, consecuencias y las expresiones faciales e indicaciones. Podría decirle a William que se ponga los zapatos cien veces, pero si él no me está mirando los ojos y viendo mis indicaciones cuando se lo pido, usualmente no lo hace. La mayoría del tiempo, le tengo que decir que me mire los ojos y después le doy la instrucción. Inmediatamente él responde sí o no. Tal vez no es la respuesta ideal para una instrucción, pero de todos modos, es una respuesta y es mejor que el resultado sin el contacto visual: ninguna respuesta verbal y ninguna acción.

Al principio, era difícil dejar todo y tener que pedirle a William que me mirara los ojos siempre, pero sabía por mi experiencia que si no lo hacía, el resultado no solamente sería confuso para William, sino que también nos iba a frustrar a todos nosotros. Hay mañanas cuando estamos saliendo para la escuela, apresurados porque estamos tarde y me doy cuenta que William no tiene los zapatos puestos. Tenía que dejar lo que estaba haciendo, acercarlo (arrodillarme) y decir, "Mírame los ojos." Cuando ya tengo su atención, le digo, "Ponte los zapatos ahora" y él lo hace. Lo podrías decir de otra manera, pero para nosotros siempre nos ha funcionado "Mírame los ojos."

Tendrás que dejar lo que estás haciendo frecuentemente para usar este proceso con tu niño, arrodillarte, repetir, tal vez cientos de veces durante un día si estás trabajando con tu niño en casa. ¿Es esto un inconveniente para ti? Seguro, así parece, pero si no lo haces, tu niño nunca alcanzará su verdadero potencial. Acuérdate también de que tu niño mostrará la misma conducta afuera de la casa que le hayas enseñado en casa.

Quería que William saludara e hiciera contacto visual con los demás—eso es importante para construir relaciones sociales y para el crecimiento. No tardó mucho para que mis amigos y familiares se dieran cuenta de que tomaba muy en serio este tema. Al principio respondían "No te preocupes, no me tiene que mirar." O decían "Está bien, no me tiene que saludar." Entonces yo respondía "No, él lo tiene que hacer. Eso es parte de su terapia y se espera que él salude y haga contacto visual aunque sea por un momento porque es crucial para su desarrollo y crecimiento." O, les aseguraba "Tú estás ayudándolo a crecer y a avanzar si tú le pides esas cosas." ¿Lo va a hacer siempre perfectamente? No, pero cada vez se va a acostumbrar más y más a mirar directamente y hablar directamente con los demás y eso sí es avanzar. No tengas miedo de seguir exigiendo que tu niño haga contacto visual contigo y con los demás o que siga interactuando en general, aunque te des cuenta de que lo hace poner incómodo. No es que estés siendo "cruel" como madre; de hecho, estás siendo un defensor apoyando a tu niño.

seis

Lo Esencial:
Estrategias Prácticas y Consejos Útiles

Porque este mandamiento que yo te ordeno hoy no es demasiado
difícil para ti, ni está lejos de ti.
— Deuteronomio 30:11

Los niños pueden frustrarse demasiado cuando no tienen ninguna manera para expresar sus deseos y necesidades. ¿Primero, como podemos darles una forma para decirnos lo que quieren y lo que necesitan que sea más agradable que un berrinche?

Dice Seth . . .

"Si no haces algo por tu niño autista, entonces nadie lo va a hacer por ti." Estas fueron las palabras que me cayeron como un balde de agua fría mientras estábamos en una conferencia de todo un día a la que no había querido asistir. Lleno de enojo, amargura, frustración y tristeza, estaba participando en la sesión de "Solo Papás", que solamente tenía siete participantes, cuando escuché esas palabras.

Me dije a mi mismo "Si no hago el esfuerzo para que mi niño autista de cuatro años esté más involucrado en el "mundo normal", entonces él se convertirá en nada más que otra estadística del autismo y otro niño pasado por alto y no permitiré que pase!"

Eso fue en Junio del 2009. A partir de ese día, tengo una perspectiva y actitud totalmente distinta y una motivación para ser parte de la vida de mi hijo y nunca parar, nunca rendirme y nunca mirar hacia atrás a lo que tiene que ver con su diagnóstico. Nunca dejaré que esa etiqueta le impida de hacer cualquier cosa que él quiera o cualquier cosa que un "niño normal" pueda hacer.

Recuerdo haber asistido a una conferencia sobre el autismo en Texas con mi esposo. Había muchos padres de familia con muchas preguntas específicas sobre como ayudar a sus niños y apreciaba la teoría y la información contextual de las estrategias presentadas por profesionales capacitados, pero salí con una inquietud, *Estos padres de familia necesitan más*. Necesitan instrucciones básicas y ejemplos para saber como empezar. He organizado escenarios y ejemplos de las maneras en que los padres de familia han enfrentado los momentos difíciles. De nuevo, no todos los niños autistas son iguales y los desafíos pueden variar bastante—tú tendrás que decidir lo que funciona mejor para tu familia. Pero estos ejemplos se basan en el análisis de comportamiento aplicado, que ha funcionado para familias que conozco y también en mi propia casa.

Lenguaje de Señas

Enseñar el lenguaje de señas a los niños autistas podría ser una buena opción para los que necesitan un idioma no-verbal para la comunicación a largo plazo o como una transición al habla verbal.

La práctica de señas es eficaz porque es visual y muchos niños se adaptan rápidamente al lenguaje. Utilizar señas con tu niño puede enseñar el idioma y también mejorar su comunicación y sus habilidades sociales y podría ayudar a reducir los comportamientos no deseados, como los berrinches o morder.

Al contrario de lo que creen algunos, el lenguaje de señas verdaderamente estimula en vez de inhibir el desarrollo del habla verbal y el idioma en algunos niños.

PECS

El Sistema de Comunicación de Intercambio de Dibujos (PECS por sus iniciales en inglés, *Picture Exchange Communication System*) fue desarrollado por Andrew Bondy y Lori Frost. Este es un sistema que ayuda a los niños con demoras en el desarrollo del habla a comunicarse. Por ejemplo, el niño tiene tarjetas con dibujos de sus juguetes favoritos. Cuando le pasa la tarjeta a su madre o a la otra persona con quien se comunica, se le da el juguete al niño. De esa manera, el niño empieza a entender la importancia y los beneficios de la comunicación y quizás esto los motive más a continuar desarrollando el habla.

El PECS es sorprendente y está basado en la ciencia. Aunque tu niño tenga buen lenguaje expresivo, una ayuda visual puede ser muy útil. Por ejemplo, William puede nombrar casi cualquier cosa si la señalas y le preguntas "¿Qué es eso?" pero era una gran lucha que él entendiera que tenía que vestirse en la mañana para irse a la escuela. Casi no soportaba los gritos y los berrinches hasta que se me ocurrió crear algunas ayudas visuales—tarjetas que tenían dibujos de su ropa. Las ayudas visuales le calmaron y le dieron un orden a las actividades para que él se sintiera más en control. Entonces yo pude dirigir el proceso de alistarse así: "¿William, quieres ponerte primero tu pantalón o tu camisa?" Levantaba las dos tarjetas, una para el pantalón y otra para la camisa. Así él podía tomar decisiones de su parte y antes de que se diera cuenta ya estaba vestido. Se logró con menos tensión y resistencia, un mejor resultado y mañanas más fáciles.

Utiliza los dibujos para ayudar a tu niño a visualizar tantos conceptos como necesite. Tú sabrás cuando necesitas utilizar las tarjetas—tu niño te dejará saber y no siempre en una manera sutil. Los horarios de actividades, desarrolladas por Krantz and McClannahan, están relacionados con las tarjetas. Un horario de actividades es una secuencia de pistas visuales, como dibujos o fotografías, que ayuda a un niño autista a completar deberes complejos o una serie de trabajos o actividades independientemente.

¿No eres artista? Puedes hallar dibujos de PECS en blanco y negro gratis en Internet. Recórtalos, lamínalos, compra velcro y un cuaderno y ya tendrás un sistema portátil de dibujos que puedes usar donde quieras. Aunque tu niño tenga palabras (como tenía William), las pistas visuales extras le ayudarán a explicar una situación y muy probablemente bajarán el nivel de ansiedad y estrés que tu niño pueda experimentar. Al explicar un viaje al doctor, el dentista o incluso a la casa de la abuela utilizando los dibujos para ayudarles a entender que va a pasar puede hacer una diferencia grande en la facilidad con la que se hagan las actividades diarias, para ambos tu hijo y tú. Cuando ves que tu niño se deshace completamente por una transición pequeña, una demora, o un cambio de horario, un sistema PECS directamente creado y relacionado con tu propio horario puede ser de gran utilidad.

En general, muchos niños autistas pueden desarrollarse bastante bien con el lenguaje de señas o con técnicas de comunicación como el Sistema de Comunicación de Intercambios de Dibujos. Los niños que están empezando a hablar verbalmente pueden apoyarse en el lenguaje de señas como transición al discurso verbal. Algunos niños con casos más graves de autismo podrían preferir el PECS en vez de las señas debido a las pistas visuales.

Los padres de familia deben buscar los consejos de un terapista del habla y lenguaje certificado para determinar cual lenguaje no-verbal funcionaría mejor para su hijo.

Las estrategias para Manejar el Comportamiento

Entender lo que motiva el comportamiento de tu hijo y decidir cómo manejarlo puede ser un reto desalentador. Existen algunas estrategias generales y efectivas que se deben tomar en cuenta como un punto de arranque. Es importante adaptarlas para las necesidades individuales de tu niño. Algunas de estas técnicas—los refuerzos positivos e ignorar intencionalmente—son muy directos en teoría, pero son difíciles de poner en práctica. Tienes que establecer expectativas razonables para ti misma y tu hijo y también buscar el apoyo de un analista de comportamiento certificado.

El Refuerzo Diferencial

Normalmente a los niños les gusta recibir la atención. Si no reciben suficiente atención positiva por su conducta buena, frecuentemente empiezan a mostrar comportamientos menos deseados. Si tú pones atención a estas formas no deseadas e ignoras el comportamiento bueno, tu niño aprenderá rápidamente a comportarse mal. Por lo contrario, si pones atención a la conducta buena e ignoras la conducta mala, recibirás más conducta buena y menos conducta mala. Con el tiempo, los niños aprenden cuales son las acciones más efectivas para que tú les respondas. La decisión es tuya. Tú puedes atender al comportamiento bueno para tener más de lo mismo o puedes atender al comportamiento malo y asegurar más luchas. La atención es poderosa. Se puede utilizar para compartir ambos comportamientos, buenos y malos. Ten cuidado como responses a tu niño.

Es importante que le des más atención a tu niño cuando se comporta bien que cuando se comporta mal. Eso le ayudará a seguir comportándose de una manera adecuada. Cuando se utiliza esta estrategia junto con los procedimientos para reducir los comportamientos no deseados, como el de ignorar (más abajo), le motivará a tu niño a demostrar los comportamientos para ganar tu aprobación. Es importante que los niños aprendan que solamente los comportamientos adecuados recibirán tu atención.

La atención diferencial requiere que tú respondas a algunos comportamientos (los buenos) y que ignores los otros comportamientos (malos). Cuando se utiliza correctamente, tu niño aprenderá que los comportamientos no adecuados resultarán en cero atención y que los comportamientos adecuados resultarán en mucha atención. Suena sencillo, pero poner en práctica esta estrategia con exactitud puede ser difícil. Sin embargo, su poder para transformar el comportamiento no puede estar enfatizado lo suficiente.

Para dar la atención efectivamente:

- **Haz contacto visual con tu niño y habla con entusiasmo.**
- **Se específico sobre el comportamiento que te gustó.**
  Por ejemplo, "Bien hecho, estás calladito," o "Muy bien que mantengas las manos quietas", en vez de solo decir "Buen niño."
- **Diga frases sencillas para celebrar**
  Por ejemplo, "Que bien que recogiste los juguetes" en vez de decir "Fue muy bueno que recogieras tus juguetes para que nadie tropezará con ellos."
- **Da la atención durante o inmediatamente después del comportamiento que te gusta.**

Las demoras en la atención (o cualquier recompensa) lo hace menos efectivo como refuerzo por un comportamiento específico.

- **Da la clase de atención que le gusta a tu niño.**
  Todos los niños tienen sus preferencias. Nota la clase de atención que tu niño prefiere. Puede ser diferente de lo que te gusta a ti o lo que les gusta a los demás niños. Es importante que la atención que le das para reforzar los comportamientos adecuados sea verdaderamente un premio para ellos. Si no, no funcionará como refuerzo positivo.

- **Atrapa a tu niño cuando está siendo bueno.**
  Todos los avances y los comportamientos adecuados son importantes y deben resultar en la atención positiva. Es importante que tu niño escuche afirmaciones como, "Bien hecho, te sentaste en el inodoro," o "Que bien te cepillas los dientes."

- **Da mucha atención a los comportamientos que no son compatibles con los comportamientos no adecuados.**
  Ejemplo 1: Si tu niño aletea las manos cuando camina en el pasillo, enséñale a meter las manos en las bolsas. Meter las manos en las bolsas es incompatible con aletear las manos y debe recibir mucha atención
  Ejemplo 2: Si tu niño chupa su pulgar, enséñale a masticar chicle. Masticar chicle es incompatible con chupar el dedo y también es más aceptable en el ambiente social.

- **Asegúrate de que los comportamientos buenos reciban más atención que los comportamientos no adecuados.**
  Da muchas oportunidades para la atención positiva.

  Es más fácil promover la conducta adecuada cuando tu niño está haciendo una actividad que le gusta hacer y los dos tú y él están enfocados en esa actividad solamente (en vez de estar cocinando o doblando la ropa mientras tu hijo juega). Entre más esfuerzo pongas en un ambiente conducente a la conducta adecuada será mucho más probable que tu niño aprenda cómo comportarse adecuadamente.

Acostúmbrate al hábito de apreciar los comportamientos buenos y dar la atención positiva por lo menos cada cinco minutos. Sabrás que estás alabando a tu niño lo suficiente cuando sientas que lo estás haciendo demasiado.

Utilizar el Ignorar Intencionalmente

Determina cual es "el comportamiento que se puede ignorar." Normalmente el comportamiento que se puede ignorar consiste en la conducta que no hace daño al niño, a los demás o a las pertenencias de los demás. Es importante que todos los familiares y las personas que cuidan estén enterados de la definición para que puedan ser consistentes en como responden.

- **Ignora tan pronto como ocurra el comportamiento.** Estar listo a ignorar el comportamiento adoptado designado para lograr atención quiere decir que si ese comportamiento ocurre, tú no vas a responder. En otras palabras, harás que el comportamiento no funcione para llamar la atención.
- **Ignora consistentemente.** Cuando ocurre la conducta que se puede ignorar, ignora de una manera consistente. La mejor manera para que tu niño aprenda los límites de su comportamiento y decida cuales son los comportamientos que resultan en atención es a través de la consistencia.
- **Haz que sea obvio el ignorar.** Para tener un impacto en el comportamiento, tu niño tiene que saber que se le está quitando la atención por los comportamientos específicos que ha hecho. Eso es más difícil para los niños autistas quienes no ponen tanta atención a las pistas sociales. Tienes que hacerlo obvio cuando ignoras al mirar en otra dirección, mantener la expresión facial neutral, hablar con los demás en la presencia del niño, restringir el contacto físico o involucrarte en los oficios de la casa.

- **Espera que los comportamientos se empeoren.** Muchas veces las cosas empeoran antes de que se mejoren. Esto se debe a que tu niño aumentará la frecuencia de los comportamientos para recibir la atención a la que ya está acostumbrado. Esto no significa que el ignorar no está funcionando. Por el contrario, ellos están poniendo a prueba los nuevos límites que has establecido.

El escape de la atención

No permitas que tu niño se escape de un deber después de un problema de comportamiento.

Si tú pides a tu niño que complete un deber, como guardar los juguetes, asegúrate que él complete el deber. No dejes que un berrinche le permita a él escapar del deber.

El ignorar es una estrategia muy activa que requiere que niegues el contacto visual y que no hagas ninguna respuesta verbal al niño. Sin embargo, no significa que puedes permitir que ocurra un comportamiento destructivo o malo mientras tú no haces nada. En algunos momentos es importante prevenir o bloquear ciertos comportamientos o distraer al niño de un área o una situación. Es importante mantener seguro a todos y todas las cosas.

Lo fundamental para enseñar y formar los comportamientos adecuados es *la consistencia*, *la consistencia*, tú ya lo sabes, *la consistencia*!

- **Utiliza el contacto visual.** El contacto visual es necesario para los niños autistas. Cuando tú demuestras el contacto visual mientras hablas con tu niño, estás comunicándole que estás escuchando. Al usar el contacto visual mientras hablas, demuestras a tu niño que es importante mirar a la cara de las personas cuando hablan. Anima a tu niño a hacer contacto visual; obliga a tu niño a trabajar en eso. El contacto visual no es muy fácil para los niños con los trastornos generalizados del desarrollo. Pero si ellos tienen que mirarte directamente para recibir algún premio especial, como una comida favorita, tiempo para jugar con juguete especial, etc., ellos aprenderán a usar los ojos. Lo fundamental es que lo tienes que enseñar.

- **Colócate cara a cara.** Intenta ubicarte en una posición al nivel de los ojos de tu niño cuando sea posible. Eso demuestra el buen contacto visual y también la cercanía espacial adecuada cuando hablas con alguien.
- **Habla de una manera natural, pero también relajada.** No hay ninguna necesidad de hablar más despacio o de una manera no normal, pero hablar en una manera muy "relajada" en tu ritmo de discurso puede ayudar. Eso indica que no tienes prisa y se espera que con esto reduzcas el estrés asociado con la presión de tiempo en las actividades diarias (en vez de decirle a tu niño que haga las cosas "más despacio").

Utiliza las Indicaciones para Enseñar las Habilidades Nuevas

Los niños autistas podrían desarrollarse mejor utilizando métodos específicos de enseñanza para los trabajos nuevos. Tu hijo tiene que entender lo que se le pide, cual acción se debe tomar para seguir la instrucción y después hacerlo. Enseñar a tu niño a seguir las instrucciones sencillas es una herramienta básica para dirigir el comportamiento de tu niño. Si tu niño no pone atención o no atiende a tus demandas entonces eso limitará la habilidad de tu niño a aprender maneras adaptivas para responder.

Una manera de presentar nuevas instrucciones y enseñar la respuesta solicitada es utilizar un método llamado la dirección graduada. Este método es efectivo para lograr el cumplimiento de lo que se demanda en la mayoría de los casos. Hay tres pasos sencillos en este método:

La **indicación verbal:** Dile a tu niño una instrucción clara y espera cinco segundos. Si sigue la instrucción, celébrale de una forma que detalla específicamente y claramente lo que hicieron bien. Por ejemplo, "Bien hecho, te pusiste tus zapatos." Si tu niño no cumple, pasa al siguiente paso: una instrucción verbal con una indicación física.

La indicación modelo: Demuestra a tu hijo la respuesta exacta que deseas. Tan pronto termines la demostración, vuelve a poner las cosas, incluyéndote a ti, exactamente como estaban antes de la demostración. Di, "Ahora tú lo haces." Espera cinco segundos más sin dar más instrucciones. Si tu niño cumple, celébrale específicamente sus acciones. Si no cumple, pasa al siguiente paso: una instrucción verbal con una indicación física de seguimiento.

La indicación física: Guía a tu hijo con la mano encima de la mano durante todo el proceso mientras dices, "Por favor (repite la instrucción)." Esto significa que vas a guiar las dos manos de tu hijo colocándote detrás del niño. Esto también se llama la dirección "mano sobre mano." No se le debe de elogiar si tienes que utilizar este paso.

La forma como digas las cosas cuando hablas a tu hijo es muy importante. Es más posible que tu niño haga lo que le pides si evitas algunos errores comunes cuando das instrucciones. Estos errores incluyen pedirle al niño que haga algo con largas explicaciones o que haga varias cosas a la vez, solicitarle algo en forma muy general, como "Pórtate bien", hacerle preguntas en lugar de afirmar lo que se quiere del niño (preguntas falsas), repetir las instrucciones (fastidiar), instruirle cuando no hay tiempo ni energía para ver que lo haga, y no mantener el contacto visual. Utiliza instrucciones concretas de un solo paso cuanto más sea posible.

Cuando se utilizan las indicaciones físicas, es importante demostrar la respuesta exacta que deseas. Así le enseñas a tu niño lo que se le espera. Es importante enseñarle correctamente la primera vez. Al principio, tal vez vas a querer utilizar esta secuencia de indicaciones dentro del contexto de una tarea específica (por ejemplo, vestirse o comer). De esa manera, puedes practicar la secuencia en una situación natural, con límite de tiempo y tu niño dominará una nueva habilidad que hará la vida un poco más fácil.

Unos consejos más:
- Establece un horario y rutinas regulares para tu hijo. Si tu niño puede anticipar las actividades del día, no habrá tanta necesidad de tener que guiarle en las tareas específicas.
- No le des ninguna instrucción si no estás dispuesta a ver que lo lleve a cabo y asegúrate de que lo cumpla.
- Arregla las situaciones para que tu niño reciba más atención para que cumpla con lo que se le pide que la atención que reciba cuando no cumpla. Recuerda requiere mucha paciencia.

Prepara tu niño para el éxito

Para formar los comportamientos adecuados en tu niño, es importante crear oportunidades en su ambiente para que ocurran los comportamientos deseados. De igual manera es importante responder a los comportamientos no adecuados con estrategias efectivas de control. Lo siguiente es un reglamento general que toma en cuenta ambas ideas.

Nota: Un analista certificado trabajará contigo y tu familia para establecer un plan y unas recomendaciones específicas para tu hijo.

No fijes las expectativas demasiado bajas. Tu niño *sí es* capaz de aprender. En vez de aprender nuevas habilidades naturalmente, muchos niños autistas aprenden de la enseñanza explícita. De todos modos, tu niño aprenderá nuevas habilidades. Cuenta con avances y crecimiento.

No fijes las expectativas demasiado altas. Establece metas realistas. Ayuda el que dividas las tareas en pasos separados que tú indicas y respondes en una manera separada. Eso motiva los logros y minimiza el estrés y la frustración.

Cambia las actividades frecuentemente y siempre intenta terminar con un éxito. Igual que es importante establecer expectativas razonables, es importante saber cuando y como terminar con una sesión de enseñanza o cambiar de actividades. Cuando estás enseñando a tu hijo una nueva habilidad, toma un descanso antes de que tu hijo se sienta fatigado o frustrado y el mal comportamiento empiece. Si es posible termina la actividad en un momento positivo cuando logren un éxito. Esto ayudará a construir sentimientos positivos en tu niño sobre sus habilidades, y en los tuyos también.

Utiliza las cosas que a tu niño le gustan como refuerzo. Cuando tu niño ha hecho algo que tú quieres que continúe haciendo, es importante que vea tu respuesta como una recompensa valiosa. No te olvides que los niños autistas puedan tomar cierto placer de cosas que otros niños no ven gratificantes o no consideran placenteras. Esto está bien. Lo más importante es que tu niño vea la recompensa como un reforzamiento para el comportamiento o tarea que ha hecho.

Permitir opciones cuando sea posible. Dar una opción para elegir puede ayudar la situación sin bajar las expectativas. Por ejemplo, si tú quieres que tu niño se siente, puedes decir "Por favor, siéntate— ¿quieres sentarte en la silla grande o en la silla pequeña?" O "Ya es hora de vestirse—¿quieres ponerte primero la camisa o el pantalón?"

Planea con anticipación los momentos de transición. Los niños autistas suelen tener problemas con los cambios o con nuevas actividades. Puedes ayudar dejando tiempo suficiente y usando indicaciones que sean efectivos para que tu niño entienda los cambios que ocurrirán pronto. Eso podría requerir pistas verbales especificas, un horario visual, o indicaciones físicas (contacto físico, o juntar cosas especificas) que comuniquen la activada siguiente.

La Disciplina

Como mencioné, durante un año diariamente, nos dimos cuenta que William estaba esparciendo las heces en las paredes, en la alfombra y en cualquier mueble de su cuarto. También la alfombra apestaba a orina. Es difícil expresar cuanta exasperación eso causó en nuestro hogar. Describí "gritarlo desde adentro" en el garaje, pero ni eso explica bien la situación, ni comunica el proceso agotador de limpiar y desinfectar lo que fue un oficio constante e interminable durante aproximadamente un año. De verdad fue uno de los tiempos y desafíos más difíciles que hemos enfrentado. También mencioné que muchos niños autistas no vinculan la disciplina física con el comportamiento no deseado—y en muchos casos lo hace aún peor.

Pero al fin descubrimos algo que nos funcionó en esta situación: quitar los privilegios. Sabíamos que a William le encantaba jugar con sus carritos Matchbox todos los días. Una mañana entré a su cuarto para hallar un mural de heces en toda la pared. Le miré y le dije "Si tú haces popó en tu cuarto, perderás tus carritos." Solo quise decir que los perdería por un tiempo, pero para William cinco minutos sin sus carros era una eternidad.

Tu lucha puede ser distinta, pero tendrás que probar varias cosas, como hicimos nosotros, antes de encontrar algo que te funcionará. Y no pienses cambiar algo de un día al otro. Para la mayoría de los niños autistas, una progresión lenta es una bendición en sí misma. Después de que empezamos a quitarle los carritos como castigo por los comportamientos no deseados, ocurría con menos frecuencia. Eso significaba más y más comportamiento bueno lo cual, obviamente, hizo que mereciera sus carritos de nuevo.

El tiempo afuera, o poner el niño aparte, aislado por un tiempo, puede ser muy efectivo si se utiliza adecuadamente y consistentemente. Tener un reloj especial para medir el tiempo es una buena idea porque ahora el niño se enfoca más en el reloj y no en el hecho de que tú lo pusiste en tiempo afuera o aislado. Cuando pongo el tiempo en el reloj, William de verdad se quedará en el área designada hasta que suene. Tal vez tendrás que guiar a tu niño las primeras veces, pero con el tiempo entenderá el ejercicio. Si un problema es que se pega a él mismo o a los demás, ponerlo aparte por un tiempo puede ser efectivo. Tu hijo no debe de tener ninguna clase de interacción durante el tiempo de aislamiento—ni discutir, ni hablar. De hecho, la frase "tiempo afuera" es una expresión corta para "tiempo afuera del refuerzo positivo." Sabrás que está funcionando cuando la conducta no deseada empiece a desaparecer. Para que el tiempo aparte sea efectivo, el ambiente de "tiempo adentro" debe de ser llamativo, interesante y lleno de refuerzo positivo. Si *no lo es*, no habrá ninguna diferencia entre las condiciones y no cambiará el comportamiento.

Las Expresiones de Cuando/Si/Entonces

No puedo terminar este capítulo sin hablar de eso. De verdad uso estas expresiones con William todos los días. Las expresiones de cuando/si/entonces son muy efectivas, especialmente con niños con algunas habilidades verbales receptivas y expresivas. Ayudan a establecer pasos, organizar los pensamientos y pueden ser complementados por el PECS para apoyo adicional.

- Utiliza "cuando" cuando quieres que haga algo.
- Utiliza "si" si *no* quieres que haga algo.

Cuando/Entonces:

Niño: "Quiero salir afuera y jugar."

Padre de familia: "Ponte los zapatos, por favor."

Niño: "¡No, quiero jugar afuera!" (El niño empieza a tirarse al suelo y gritar.)

Padre de familia: "*Cuando* te pongas los zapatos (utiliza PECS si es necesario), *entonces* puedes salir afuera."

Si/Entonces:

Niño: (Empieza a subirse en los muebles.)

Padre de familia: "*Si* tú te subes en los muebles, *entonces* te pondremos aparte por un tiempo."

Niño: (Empieza a tirar la comida)

Padre de familia: "*Si* tiras la comida, *entonces* no tendrás tiempo para jugar afuera."

Suena sencillo y lo es. Sencillamente vincula las relaciones entre el comportamiento y las consecuencias del comportamiento. ¡Ser explicito con los niños autistas de verdad ayuda! De nuevo, todos los niños son distintos, pero usar estas expresiones ha traído más paz a mi hogar y también el carácter de William se ha vuelto más calmado y fácil en cuanto a sus reacciones a las situaciones. De alguna manera, hemos especificado las reglas y así nos aseguramos de que todo el mundo las cumpla. Seguir las reglas tiene como resultado consecuencias agradables y no seguir las reglas no tiene consecuencias agradables.

Dice Seth . . .

Para el tercer cumpleaños de William le compramos un juego de columpios. No solamente columpios, pero también pasamanos, una pared para subir, un resbaladero, una escalera, una escalera de cuerda y unas barras para colgarse—era maravilloso!

Más que todo se lo compramos porque me había cansado de llevarlo al parque. Teníamos algunos parques en el vecindario donde vivimos y lo pasábamos bien en las mañanas de sábado haciendo un viaje en el carretón hacia el parque. Esa parte no me molestaba; de hecho, disfrutaba de jalar a William en el carretón. Él no hablaba ni hacia mucho ruido, pero yo le hablaba a él. Le contaba sobre las casas que pasábamos y explicaba las materiales o el estilo de arquitectura de las casas, o comentaba que tan bonitas o feas pensaba que eran. Esa parte sí disfrutaba, tal vez porque guardaba la esperanza que "de repente" él empezara a comentar "Sí Papi, tienes razón ese socarrén está pintado del color equivocado para un porche," o algo así.

Lo que sí me cansaba era llegar al parque y que él no quería jugar allá. Eran unas diez cuadras para arriba y para abajo, y lo admito, no lo hacía siempre con un corazón alegre. Llegábamos al parque y él solo estaba sentado en el carretón o quería escaparse y le tenía que suplicar para que jugara.

Pero cuando él se entretenía en el parque, siempre eran los columpios. Se lo juro, él era capaz de columpiarse durante horas si lo empujabas . . . y ahí era cuando me molestaba más. Empezaba a empujarlo y él decía "más rápido" o "más alto," y solamente decía eso durante diez minutos o más. Sí, me sentía agradecido que mi hijo estaba hablando, pero no quería escuchar solamente "más rápido" o "más alto" durante diez minutos cada vez—y eso de un niño que no respondía a cualquier otra de las cosas que le decía.

Por supuesto, mi genial idea de comprarle un juego de columpios para su cumpleaños no cambió nada aparte del hecho de que no pude comentar sobre las casas del vecindario mientras caminábamos hacia al parque. Todavía decía "más rápido" o "más alto" constantemente, y cuando digo "constantemente", quiero decir *constantemente*.

Le voy a enseñar a columpiarse por sí mismo así sea lo último que logre. Algún día entenderá el concepto "Dobla las rodillas y estira las piernas" que le he dicho como un billón de veces en vano. ¡No puedo esperar ese día!

¿O tal vez sí puedo esperar? Entre toda mi angustia y frustración sobre llevarlo al parque, solamente para que él no quisiera jugar, o empujarlo durante más de veinte minutos mientras él me gritaba a toda voz, repitiéndose y repitiéndose y repitiéndose . . . entre todo eso, me he dado cuenta que sí logramos encontrar un interés común.

No sé si algún día William me acompañará a un partido, o lo llevaré a su primer corte pelo, o si construiremos un modelo juntos. Pero sí hemos encontrado algo que podemos hacer juntos. Tenemos nuestra cosa. Tal vez no es siempre divertido todo el tiempo; de hecho a veces puede ser aburrido, pero sabes que, es nuestra cosa. Cuando llegue el día en el que él aprenda a mover sus piernas para adelante y para atrás y no necesite a su papá para subir más alto, seguro que será un día agridulce.

siete

Más allá de la ECI:
Opciones para la Terapia

Y a Aquel que es poderoso para hacer todas las cosas mucho más
abundantemente de lo que pedimos o entendemos, según el poder
que actúa en nosotros, a él sea la gloria.
— *Efesios 3:20-21*

Antes de que "nos graduáramos" de ECI, nuestro programa de intervención temprana local, ya estaba trabajando en lo que sería nuestro siguiente paso. No quise que pasara ningún tiempo en el que William no estuviera recibiendo alguna clase de ayuda. Cuando estás intentando planear el siguiente paso o evitar un tiempo sin actividad, como hacía yo, la persistencia es clave. Tienes que hacer llamadas, mandar cartas, apuntarte en las listas de espera, que pueden ser largas. Pero no dejes que te venza. Otra razón por la cual aceptamos la "etiqueta" fue porque nos ayudó a enfocarnos en las terapias que ayudarían directamente a William. La terapia puede ser costosa y tienes que mirar lo que puedes recibir desde todas las perspectivas y en todos los rangos de precios. *Más caro no siempre significa mejor servicio;* tu primera y principal decisión será escoger entre las terapias privadas y públicas.

Hay una gran abundancia de terapias privadas disponibles—incluyendo terapias que se especializan en casi cualquier cosa. Busca terapias basadas en evidencia como el análisis del comportamiento aplicado o la terapia del habla. Ten cuidado con el charlatanismo. Por definición un "charlatán" (también llamado "estafador") es una persona que practica una estafa u otro engaño, aprovechándose de tu confianza para ganar dinero. Los charlatanes te dirán lo que quieres escuchar y te prometerán hasta la luna. Pide los datos y las pruebas, no seas tan confiado.

Acuérdate que manejar de terapia a terapia puede ser agotador para todos en la familia y siempre es mejor encontrar un ambiente para la terapia que trabaje muchos aspectos del desarrollo de tu niño en vez de solamente uno o dos aspectos.

Las terapias gratuitas de las escuelas públicas pueden estar disponibles tan temprano como a los tres años. Llama a tu distrito escolar local para más información sobre cómo empezar el proceso de evaluación. Prepárate. Muchas escuelas trabajan despacio porque otro diagnóstico en su distrito significa más dinero que tendrán que gastar. Algunos distritos utilizarán las evaluaciones de su programa de intervención temprana, pero la mayoría no lo harán y querrán hacer sus propias evaluaciones. Esta es una táctica de demora para no gastar dinero.

Una de las partes más importantes del proceso de la educación especial en el sistema de la escuela pública es la creación de un plan para la educación de tu hijo. Este plan se llama el Programa de Educación Individualizada, o IEP (por sus iniciales en inglés, Individual Education Plan). El IEP es la base de la educación de tu niño y tú eres un miembro importante del equipo. El IEP de tu niño detalla los servicios educativos específicos que recibirá tu niño, con base en sus necesidades individuales. Por eso es importante que entiendas y ayudes a desarrollar el IEP de tu hijo. Para más información sobre los Programas de Educación Individualizada, visita a www.wrightslaw. com/translate.htm.

Al considerar tus opciones, es importante hacer preguntas. Esto es un área completamente nueva para ti y tienes todo el derecho a hacer preguntas. Algunas preguntas que le vas a querer preguntar a todos los terapistas son:

- ¿Cuáles son sus credenciales?
- ¿Tiene certificación?

- ¿Cuánto cobra y puedo ver los detalles de los servicios?
- ¿Cómo se nota el progreso y podemos establecer citas para medir el progreso?

Lleva un cuaderno con los detalles de cada terapia, terapista y los pasos progresivos que quieres que haga tu niño. Darle un seguimiento a tus metas para tu niño te ayudará encontrar a un terapista que es de la misma mentalidad.

La lista de terapias para el autismo ha crecido bastante en los últimos años. Tienes que tomar tus propias decisiones con base en tu propia investigación, lo que puedes pagar y como puedes optimizar la terapia para obtener el máximo provecho. Si hablas con más personas, tendrás más opciones. Rechaza las opciones sin evidencia de éxito. Hablo de evidencia verdadera de la ciencia y no solamente los testimonios. Para cualquier decisión que tomes, debes de estar segura de que has hecho toda la investigación necesaria y tienes confianza en tu decisión. Nunca debes escoger una opción por miedo. Especialmente ten cuidado con el miedo de que si no haces todo, no estás haciendo lo suficiente. Es muy fácil caer en ese miedo, pero solamente te va a desgastar emocionalmente y físicamente. Recuerda que el enfoque "una talla única para todos" no funciona para un niño autista; una propuesta con varios enfoques puede ser lo más recomendado. La siguiente es una lista de terapias que tal vez te interesarán.

El Análisis del Comportamiento Aplicado
(ABA, Applied Behavior Analysis en inglés)
El ABA está reconocido como el tratamiento más efectivo para niños del espectro de trastornos autistas y el único tratamiento que ha demostrado resultados con mejoramientos sustanciales y duraderos en las vidas de personas con autismo.

Un programa de ABA es una propuesta sistemática de educación que requiere que las habilidades estén divididas en pasos sencillos y fáciles de aprender. Se utiliza el elogio verbal u otras recompensas para animar al niño y se mide el progreso constantemente para que se pueda ajustar el programa de enseñanza cuando es necesario. Cada programa de ABA es único y ajustado para aplicarse específicamente a las necesidades de tu niño. El aporte de los padres de familia y su participación en ABA es esencial para el éxito del niño.

El ABA es el único tratamiento para el autismo que ha tenido sus beneficios confirmados de una manera consistente por las investigaciones independientes científicas. De hecho, el ABA ha sido aprobado como una intervención efectiva para el autismo por la Academia Americana de Pediatras y el Cirujano General de los Estados Unidos.

Nota: Todos los niños pueden beneficiarse de las intervenciones de ABA al aprender nuevas habilidades y reducir los problemas de comportamiento. Busca un Analista de Comportamiento Certificado por la entidad que acredita estos especialistas cuando te apuntes para un programa de ABA, especialmente si quieres la cobertura de tu seguro médico.

La terapia del habla: Los problemas de comunicación entre los niños autistas varían hasta cierta medida y pueden depender del desarrollo intelectual y social del individuo. Algunos pueden tener un vocabulario muy desarrollado mientras otros pueden ser incapaces de hablar. La terapia tiene que empezar con una evaluación individualizada de las habilidades del lenguaje del niño por un patólogo licenciado de lenguaje y discurso.

La terapia ocupacional: Los terapistas ocupacionales dan capacitaciones en las habilidades de la vida diaria, como vestirse y la higiene y también habilidades motoras finas relacionadas con agarrar los objetos, la escritura, cortar y otras actividades. Sus tratamientos dependen del uso de tareas específicas o actividades dirigidas a completar una meta diseñada para mejorar el funcionamiento de un individuo en lo que está relacionado con los grupos de músculos más pequeños.

El tratamiento médico: No existe ningún medicamento diseñado específicamente para los niños autistas. Debes hablar con tu pediatra del desarrollo sobre medicinas específicas que podrían ser de beneficio para los síntomas específicos de tu niño.

Las actividades de diversión: Hay muchas actividades divertidas en las que puede participar tu niño autista, pero sin embargo, no debes confundir éstas con las terapias legítimas. Por ejemplo, a William le encanta montar un caballo que se llama "Charlie." ¿Es una terapia que le ayudará a curar su autismo? No, pero a él le gusta y a mí me gusta verlo sonreír. También le gusta el kung fu y a pesar de que estoy muy emocionada porque él está aprendiendo a patear con el pie derecho e izquierdo y a darse vuelta, sencillamente no es terapia; es una actividad que a él le gusta.

Desafortunadamente existen muchos métodos dudosos o sin credibilidad hoy en día que se aprovechan de los padres de familia de niños autistas. ¿Por qué? ¡Por llenar las bolsas con dinero! Quack Watch, (Vigilancia de Charlatanes) mi nuevo sitio en Internet favorito, se enfoca en todos los fraudes, los mitos, las tendencias, las mentiras y la mala conducta relacionadas con la salud. Algunos métodos sin credibilidad relacionados con el autismo incluyen la terapia de quelatos, la terapia de la integración auditoria y el uso de oxigeno hiperbárico. Para más información sobre sitios de Internet legítimos relacionados al autismo, por favor véase el Capitulo 9, Información Útil.

ocho

Las compañías de seguro y todo lo que ellos no quieren que sepas

Confía en Jehová con todo tu corazón . . . Reconócelo en
todos tus caminos y él hará derechas tus veredas.
— *Proverbios 3:5-6*

La mayoría de los niños con trastornos del espectro autista van a necesitar una combinación de la terapia del análisis del comportamiento aplicado y las terapias físicas, ocupacionales y del habla. Posiblemente van a necesitar una consulta psicológica y médica. Si piensas que de acuerdo con la póliza de tu seguro médico, tienes el derecho a que estos servicios estén cubiertos, pero de todos modos te estás enfrentando con obstáculo tras obstáculo, debes someter de nuevo el reclamo, seguir el proceso de tu reclamo y hasta someter una queja. Si no consigues las respuestas que quieres, sigue llamando sin parar y no aceptes "no" como respuesta final. Una regla de oro es mantener un registro detallado de todas las llamadas telefónicas (fecha, hora, nombre de la persona, y lo que hablaron). Una manera fácil para lograr eso es sentarte al frente de la computadora antes de hacer la llamada—así, puedes teclear tus notas en un documento mientras hablas con la compañía de seguros. Después no tienes que hacer nada más que oprimir "Guardar."

Por cierto, luchamos bastante con el seguro médico. Nos negaron muchas, muchas veces—demasiado para poder contarlas. Cada vez que llamaba para averiguar la cobertura o lo que hacía falta de la cobertura, tenía que hablar con una persona distinta; nunca me dieron un número de extensión. Te das cuenta que eso es exactamente lo que ellos quieren que no tengas. De alguna manera es bastante inteligente. Cada vez que llamaba, tenía que hablar con alguien que desconocía mi situación, entonces tenía que repetir toda la historia. Naturalmente, la historia se hizo más larga cada vez que llamaba. Era muy frustrante y pasar por ese proceso me afectó en formas que no puedo ni siquiera describir. Pero de alguna manera logré soportarlo y cada vez que hablaba con un representante distinto, lo apuntaba. A veces no me trataban con amabilidad; pero eso me motivó y me ayudó a construir un caso solido en contra de ellos.

Recuerdo un incidente en particular cuando hablé con un señor que no tenía compasión ni ningún deseo de ayudar de ninguna manera. Acababa de limpiar y fumigar el cuarto entero de William después de otro episodio en el que William incumplía con su entrenamiento para ir al baño y yo estaba cansada. Solamente eran las nueve de la mañana y ya me sentía vencida. Llamé a la empresa aseguradora sabiendo que iba a tener que repetir toda mi historia, pero quería la terapia ABA para William y necesitábamos la cobertura. Después de contar mi historia y sabiendo que no estaba teniendo ningún efecto—otra vez—y que el señor de servicio al cliente no me ponía atención, empecé a perder el control. Empecé a llorar y William estaba al fondo gritando y dando vueltas. Apenas pude escuchar al señor pero no me importaba. No tenía ningún secreto. Al fin le dije, "Bueno, tal vez voy a tener que involucrar a un abogado." Él contestó, "Señora, no se moleste con eso, no le va a servir de nada."

En ese momento, supe que iba a ganar.

Cuando era niña, nunca me gustaba cuando alguien me decía lo que podía o lo que no podía hacer. Miré a William en ese momento y pensé *No voy a darme por vencida con él así que no nos vamos a rendir con eso!* Para mí, eso fue suficiente. Que alguien al otro lado del teléfono pensara que podía actuar como si tuviera el derecho a decidir sobre el futuro de mi niño—jamás! Ese día, no me sentí derrotada. Ese día fue el comienzo del triunfo y la perseverancia.

Como con muchas otras cosas, una de las mejores herramientas es el conocimiento.

48

Datos importantes que debes de saber sobre tu plan:

- ¿Cuánto es el co-pago dentro de la red o cuánto es el co-pago fuera de la red?
- ¿Cuánto es el porcentaje de reembolso para los proveedores dentro y fuera de la red?
- ¿Cuántos son los deducibles dentro y fuera de la red?
- ¿Cuánto es el límite máximo de pagos que tendrías que pagar?
- ¿Hay un límite por vida? Hay un límite por año?
- ¿Se necesita la pre-autorización o pre-determinación para los proveedores fuera de la red? ¿Si así es el caso, cuál es el proceso para conseguir la aprobación?

Sugerencias para conseguir ayuda sobre su cobertura:

- Llama al número telefónico en la parte de atrás de tu tarjeta de seguros y pide la cobertura para ABA.
- Determina si tienes cobertura para ABA incluida en tus beneficios médicos mayores y si no, pregunta sobre los beneficios para la salud mental. Algunas empresas pagarán el ABA bajo los beneficios de salud mental.
- Una vez que hayas determinado la cobertura, pregunta cómo puedes ser reembolsado para ABA—la mayoría de las compañías de seguro obligan a que tú pagues de tu bolsa y tienes que cobrarles a ellos después.
- Necesitarás el formulario para reclamos y el número de identificación para impuestos del lugar donde están recibiendo el tratamiento ABA.
- Probablemente necesitarás una carta de tu pediatra del desarrollo con el código ICD9 para autismo, que es 299.00.
- Si es necesario, pide a tu empresa que te proporcione los formularios para reembolso fuera de la red.
- Nunca mandes documentos originales; es muy probable que tus documentos "se pierdan" entre el papeleo.

¿Todavía no logras nada? ¡Se creativa! Con algunas empresas, casi cualquier tratamiento que cobras con un código de diagnóstico (ICD9) de 299.0, 299.1, 299.8 o 299.9 será negado o limitado. En ese caso, es muy importante que intentes someter los cobros que indican los síntomas que estén tratando en vez del autismo. Por ejemplo, muchos niños en el espectro de autismo tienen problemas gastrointestinales, pero no puedes someter un cobro a la compañía de seguros para el tratamiento de gastroenteritis (ICD 558) bajo el código ICD9 299, Autismo. Tienes que someterlo bajo el código 558. Dependiendo del lugar donde tu niño reciba sus servicios, tal vez puedas cobrar de una vez bajo los códigos para los síntomas, o podrían tener una póliza de cobrar bajo el código del autismo y esperar el rechazo antes de intentar otra táctica. Trabaja desde el principio de cobrar por los síntomas que se estén tratando, así piensas afuera de "la caja del autismo."

Tal vez tendrás que someter una apelación oficial. Antes de eso, tendrás que estar seguro que tienes toda tu información completa y organizada.

Información que necesitarás para la apelación:
- El plan de seguro médico
- La negación escrita
- Las facturas del médico/terapia
- Las referencias del médico y la recomendación para terapia
- Los registros médicos
- La carta del médico de necesidad médica
- Las referencias de los estudios que indican que el tratamiento funciona

Llama a la compañía de seguros para confirmar la negación y preguntar por el criterio para decidir. Toma buenas notas de los nombres, los números telefónicos, extensiones, etc. Cuando sometas la apelación formal, aprende y sigue el reglamento y los procedimientos establecidos por la empresa aseguradora y utiliza los formularios correctos. Si no sigues el proceso exacto, sin duda te devolverán el reclamo como "negado."

Me hace sonreír cuando pienso en nuestra victoria en contra de la compañía de seguros. Al fin escucharon y admitieron que la negación fue errada. También tuvieron que aceptar responsabilidad por las horas de terapia ABA que no recibió William mientras luchamos con ellos y por la terapia del habla que habían rechazado pagar. Tardó mucho, mucho tiempo, pero no somos "casos especiales", como la compañía de seguros quisiera que creyéramos. Tú puedes luchar también, para lograr los mismos resultados—es posible triunfar, con la perseverancia y mucho ánimo.

Si tu compañía de seguros no te pone atención y el dinero es un problema como fue para nosotros, no te rindas. Todavía hay maneras de exponer tu caso. Tal vez puedes buscar un amigo abogado, o un amigo de un amigo, o cualquier abogado que esté dispuesto a escribir una carta y que no cobre tanto. Eso es para llamarles la atención, para que ellos sepan que no vas a desaparecer. Una carta podría acelerar el proceso y eliminar las tácticas para demorar de parte de la compañía de seguros. Si no funciona, tal vez el abogado tendría la voluntad para llevar el caso al siguiente nivel con la esperanza de que al otro lado se le ordene a la empresa pagar las cuotas del abogado. No teníamos el dinero para pagar las cuotas del abogado, pero nuestro abogado se arriesgó con nosotros y ganamos—después de dieciocho meses de pelea. Nunca lastima a nadie pedir la ayuda y verás que muchas personas están dispuestas a darla.

Recuerda que "el autismo" es todavía una palabra de moda. Las compañías de seguro están empezando a escuchar pero tendrás que pelear hasta el final. La mayoría de las aseguradoras quieren que te rindas y te desaparezcas; por eso te niegan los reclamos. Puedes mandar todo lo que ellos necesitan para la aprobación y todavía encontrarán formas de escapar a la responsabilidad de pagar. Así funciona el sistema.

nueve

Sitios Útiles

Pedid, y se os dará; buscad, y hallaréis; llamad, y se os abrirá.
— *Mateo 7:7*

Desde que identificaron el autismo por primera vez, ha existido una historia larga de tratamientos fracasados y modas inútiles. La historia ha sido dominada por teorías improbables sobre las causas y los tratamientos. Muchos de estos tratamientos han sido adoptados por profesionales demasiado rápido, han sido publicados por los medios de comunicación en una manera demasiado sensacionalista y han sido aceptados por consumidores con expectativas altas—y todo eso antes de que hubiera evidencia confiable o que existiera una probabilidad razonable de que eran efectivos o seguros.

Ingresa "autismo" en cualquier página de búsqueda de Internet y hallarás millones de referencias. Pero antes de surfear el Internet a las tres de la mañana, revisa estos sitios confiables. Todos ellos se basan en la ciencia, son comprensibles y contienen vínculos a muchos servicios especializados y organizaciones relacionadas.

Habla el Autismo
(Autism Speaks)
http://www.autismspeaks.org/about-us/en-espanol
Este sitio tiene los mejores recursos, incluyendo vínculos a los grupos de apoyo local que dan información local, por ejemplo como contactar a tu programa local de ECI. La sección titulada "El autismo y tu familia"

tiene consejos maravillosos y la sección titulada "Los derechos de tu niño" explica cuales son los servicios a los que tu niño tiene derecho bajo la ley. El Autismo habla tiene una herramienta valiosa, *El Manual de los 100 Días*, un e-libro que puedes descargar que ayuda a los padres de familia a organizarse durante los primero cien días después de recibir el diagnóstico del autismo.

AutismoDiario.org

http://autismodiario.org
Según su sitio de Internet: Autismo Diario es una publicación sin ánimo de lucro, cuyo objeto está basado en difundir cuanta información relativa a la discapacidad haya, ya sea información provista por agencias o medios de comunicación nacionales como internacionales, o a través de los contenidos generados por nuestro propio equipo.

Autismo Diario nace con la vocación de ser un medio de información y difusión de noticias, serio y comprometido. Este es el espíritu y el modelo editorial que pretende cubrir un vacío en el mundo editorial y de información. Dando un paso más allá de la simple noticia, incluyendo información relativa a modelos y terapias, sistemas educativos y un sin fin de opciones.

Manitas Autismo—Alianza Hispana Red de Apoyo y Más . . .

http://www.manitasporautismo.com
Según su sitio de Internet: Manitas por Autismo surge porque tenemos el deseo de formar una unión de familias y profesionales en donde podamos compartir, informarnos, educarnos, apoyarnos, e impulsar a todas las demás familias a que sean parte de la educación, salud y bienestar económico de sus hijos en el espectro de autismo.

Constituimos una asociación de padres y familiares de niños y adolescentes con autismo. Nuestros fines son: brindar información, apoyo y esperanza a padres y familiares de niños con autismo prescindiendo de todo credo religioso y político; promover campañas para cultivar conocimientos sobre distintos aspectos del autismo, organizar grupos de apoyos; crear banco de datos para educar sobre todo lo relacionado con autismo; defender los derechos de los niños y adolescentes con autismo.

La Sociedad del Autismo
(The Autism Society)
http://www.autism-society.org/espanol/
La Sociedad del autismo existe para mejorar las vidas de todas las personas afectadas por el autismo. Es una fuente líder de información confiable sobre el autismo. Establecido en 1965 por padres de familia de niños autistas, hoy en día funciona a través de grupos locales alrededor el país.

La Asociación Internacional para el Análisis del Comportamiento
(Association for Behavior Analysis International ABAI)
www.abainternational.org (Solamente inglés, 3/2012)
La Asociación Internacional para el Análisis del Comportamiento es una organización con membrecía sin fines de lucro con la misión de aportar al bienestar de la sociedad al desarrollar, aumentar y apoyar el crecimiento y vitalidad de la ciencia del análisis del comportamiento a través de la investigación, la educación y la práctica.

Sitio relacionado en español:

Autismo ABA, Análisis de Conducta Aplicado. autismoaba. blogspot.com

Este sitio es un blog sobre el análisis de conducta aplicado al autismo y sobre los tratamientos con evidencia científica contrastada. Aunque no se ha actualizado con información reciente desde junio 2008, contiene artículos y vínculos a otros sitios relacionados al ABA en español.

La Mesa Directiva de Certificación de Analistas del Comportamiento
(Behavior Analyst Certification Board)
www.bacb.com (La página se puede leer en español utilizando Google Translate, hay opciones de idiomas en un menú en la parte superior de la pagina.)

¿Estás buscando a un analista certificado del comportamiento? No busques más. Este sitio te dará un listado de analistas certificados en tu área.

Hablamos sobre una cura para el autismo
TACA—Talk about curing Autism
http://www.tacanow.org/category/en-espanol/
TACA es una organización nacional sin fines de lucro que está dedicada a educar, dar poder y apoyar a las familias afectadas por el autismo. Para las familias que apenas recibieron el diagnóstico de autismo, TACA pretende reducir el tiempo desde el diagnóstico hasta recibir los tratamientos efectivos. TACA ayuda a fortalecer la comunidad autista al conectar familias a profesionales que les pueden ayudar, permitiéndoles compartir información y mejorar la calidad de vida de las personas autistas.

Centros para el Control y la Prevención de Enfermedades
Centers for Disease Control and Prevention
http://www.cdc.gov/spanish
El CDC es una institución del gobierno de los Estados Unidos que proporciona una variedad amplia de información y contactos sobre todas las áreas de salud. Según su sitio de Internet, sus metas incluyen proteger la salud y promulgar la calidad de vida mediante la prevención y control de enfermedades, lesiones y discapacidades. El CDC está comprometido con los programas que reducen las consecuencias sanitarias y económicas de las principales causas de muerte y discapacidad, garantizando así una vida larga, productiva y saludable para todas las personas.

Grupo de Interés Especial sobre Autismo
(Austim Special Interest Group SIG en inglés)
www.autismpppsig.org (Solamente inglés, 3/2012)
Aparte de educar a los padres de familia sobre el análisis del comportamiento, la otra iniciativa principal del SIG es ayudar a los padres de familia a sacar el máximo provecho cuando asisten a las conferencias de ABAI. El SIG PPP provee información, redes de contactos y recursos para estos padres de familia.

La Asociación para la Ciencia en el Tratamiento del Autismo
(The Association for Science in Autism Treatment en inglés)
www.asatonline.org (Solamente inglés, 3/2012)

Su misión es compartir información precisa de rigor científico sobre el autismo y los tratamientos del autismo. Aquí puedes leer sobre tratamientos del autismo, descripciones y resúmenes de investigaciones sobre las intervenciones psicológicas, educativas y terapéuticas.

El Centro del Estudio del Niño
(Child Study Center en ingles CSC)

www.cscfw.org (Solamente inglés, 3/2012)

El Centro de estudio del niño proporciona los servicios de diagnósticos y tratamiento para los niños que tienen, o están al riesgo de tener, las discapacidades del desarrollo y problemas relacionados conductuales y emocionales para que estos niños puedan alcanzar su completo potencial.

La Escuela Jane Justin
(Jane Justin School en inglés)

www.cscfw.org/School/tabid/70/Default.aspx
(Solamente inglés, 3/2012)

La Escuela Jane Justin, en asociación con las familias y la comunidad, fomenta el conocimiento y habilidades de la vida necesarias para que los estudiantes logren vidas productivas y significativas mientras se respeta y se anima la individualidad de cada niño. Su meta es que algún día pueda devolver a sus estudiantes a los ambientes tradicionales educativos con las habilidades necesarias para tener éxito en estos ambientes. La Escuela Jane Justin logra esta meta a través del uso de técnicas de enseñanza de vanguardia, basadas en la evidencia y comprobados científicamente.

Observador de Charlatanes
(Quack Watch)

www.quackwatch.org (Solamente inglés, 3/2012)

Este sitio provee información sobre los engaños y los charlatanes en el área de la salud. El Observador del Autismo provee análisis específico y científico sobre las terapias relacionadas con el autismo y también tiene fuentes confiables de ayuda e información. También se identifican las fuentes no confiables.

diez

Actividades en Casa

No hay cosa mejor para el hombre que comer y beber,
y gozar del fruto de su trabajo. He visto
que esto también procede de la mano de Dios.
— *Eclesiastés 2:24*

Lo siguiente es un listado de útiles sugeridos que se pueden utilizar en la casa para implementar el desarrollo del lenguaje, habilidades sensoriales, de motricidad gruesa y fina y auto-ayuda/vida diaria.

Útiles de la habilidad de lenguaje

- Las letras del abecedario/Tarjetas de sonidos para la refrigeradora Leap Frog
- Números
- Tocar y sentir libros por DK Publishing
- Libros para Colorear
- Escenarios Creativos para jugar (granja, escuela, doctora /enfermera, fiesta de cumpleaños, la estación del tren, etc.)
- Teléfono y cámara de juguete
- Rompecabezas
- Tarjetas con dibujos de actividades
- Comida de juguete
- Clasificadores de figuras geométricas
- Títeres

- Juegos de mesa adecuados para edad (Twister, Candy Land, tarjetas de memoria)
- Tabla de fieltro para contar historietas

Útiles para la habilidad sensorial
- Play-Doh (Plastilina)
- Burbujas
- Esponjas de juguete para el baño
- Manualidades (estickers, plumas, pompones, etc.)
- Sillones beanbags (almohadones para sentarse)
- Instrumentos musicales
- Comida de juguete
- Crema de afeitar
- Pintura de dedo y de esponja
- Estampillas
- Juguetes para la arena
- Pelotas de esponja

Útiles para las habilidades de motricidad fina
- Caja de herramientas o banca de trabajo
- Juguetes para apilar o amontonar
- Pelotas de esponja
- Ropa para vestirse
- Tarjetas o cartones para enlazar o cuentas
- Bloques
- Pintura de dedo y de esponja
- Tijeras para niños
- Broches y juguetes para abrochar
- Rompecabezas que utilizan cierres, broches, lazos para amarrar (Busque las rompecabezas Melissa and Doug).
- Crayones
- Tablas blancas para dibujar y borrar

Útiles para las habilidades de motricidad gruesa
- Pelotas de plástico
- Pelotas grandes de hule
- Pelotas de basquetbol

- Juego de pelota de bowling para niño
- Pelotas pequeñas rellenas
- Trampolín pequeño
- Cubos grandes para construir
- Resbaladeros
- Túneles
- Hula-Hoops

Útiles de la vida diaria/auto-ayuda

- Ollas y sartenes
- Juguetes para bañarse, letras de esponja, números, figuras y animales
- Útiles de la marca Melissa and Doug: rompecabezas de amarrar los zapatos, juego de pizza y tabla de habilidades básicas.
- Comida de plástico
- Cepillo de dientes, toallas, peine, cepillo de pelo, etc. (para utilizar con las muñecas para el aprendizaje visual)
- Vestuarios para jugar con la imaginación
- Teléfono de juguete
- Casa de muñecas: muñecas de gente y muebles
- Muñecas con broche, cierres, y Velcro

¿Cómo utilizo estas cosas en casa para involucrar a mi hijo?
Intenta usar uno o dos útiles de cada grupo de habilidades listados aquí cada día y después decide cuales actividades y útiles son los más adecuados para ti y tu hijo. Estos artículos listados te pueden orientar hacia un programa de terapia en casa bien diseñado. Es como una sesión de terapia en tu propio hogar y tú y tu hijo se divertirán mientras están aprendiendo!

Lo siguiente es un listado de actividades para ayudarte a empezar a utilizar estos útiles que aparecen listados arriba en cada grupo de habilidades. Utilizo estas actividades divertidas en casa con William, no para sustituir los programas de terapia afuera, sino para utilizarlos junto con y como complemento a estos programas. Cada actividad le dará mucha diversión con lenguaje para ti y tu hijo. Escoge algunas que puedan hacer cada día y vas a empezar a conocer las actividades favoritas de tu niño y también sus áreas fuertes y débiles.

1. **Libros de lectura:** ¡Este es necesario! Leer a tu niño le va a preparar para las actividades y experiencias en el ambiente escolar. Apunta a los dibujos y anima a tu niño a identificar los objetos en la página. Nombra las cosas en la página y haz que tu niño los indique también y repita las cosas nombradas. Lee una variedad de libros de tocar y sentir. Nombra las distintas texturas, como suave, resbaloso, áspero, liso, duro y peludo y haz que tu niño diga la palabra de la textura del libro.

2. **Tabla de palabras:** Haz una tabla de todas las palabras que tu niño sabe decir y colócala en un lugar visible para que él las pueda ver. Yo lamino las tarjetas de las palabras que William sabe decir y pongo velcro detrás y los prendo en una tabla de fieltro que tengo en su cuarto. Podemos quitarlas y ponerlas para usarlas una y otra vez. Agrega a la tabla cada nueva palabra que aprenda a decir. Quizás quieras también hacer un libro de dibujos de cada una de las palabras que puede decir y que él señala mientras nombra el objeto.

3. **Cantar canciones:** Canten canciones infantiles con rimas, tal como "El barquito," "Chocolate," "Cu-cú cantaba la rana," "Aserrín, aserrán," y "Arroz con leche." Utiliza señas con las manos mientras cantan y ayuda a tu niño utilizando la guía de mano sobre mano.

4. **Clasificador de figuras geométricas:** Esta es una herramienta genial para muchas características del desarrollo de tu niño. Puedes enseñar colores, formas y conceptos como "adentro" y "afuera" y "arriba" y "abajo." Di el nombre del color o de la forma para que la agarre y la meta en el orificio o para que nombre la figura o color y ponga el bloque en el orificio correcto.

5. **Rompecabezas:** ¡No te puedes equivocar con rompecabezas! Puedes usar una variedad para enseñar sobre objetos, lugares, formas, el abecedario, los números,

los colores, la transportación, las comidas y los animales. Indica una pieza del rompecabezas y pregunta al niño ¿de qué es el dibujo? Contesta y nombra el dibujo y que tu niño lo repita después. Si no está hablando todavía, contesta tu propia pregunta y utiliza la técnica de mano sobre mano para meter la pieza en el lugar correcto.

6. **Los animales de juguetes:** Los juegos de animales traen una variedad de escenas de temas, como la granja, el zoológico y las mascotas en casa. Enseña a tu hijo los nombres de los animales y los sonidos que hacen. Jueguen "Busca el animal" y haz que él intente decir el nombre del animal. Haz que él indique los animales distintos y que diga sus sonidos.

7. **Las tarjetas de memoria (Flash Cards):** Utiliza una variedad de tarjetas con los objetos comunes de la casa y en la naturaleza, también de animales, de medios de transportación, formas, números, letras y comida. Haz que tu niño nombre el dibujo en la tarjeta. Si tu niño no está hablando todavía, nombra el dibujo y que él lo señale. Si ya está hablando, dile que forme una frase o que él repita una frase sencilla, por ejemplo, "el perro dice guau, guau," o "yo quiero una galleta."

8. **Las tarjetas de acciones:** Las tarjetas de acciones son una buena transición de las tarjetas de una sola palabra. Muestra las acciones de las rutinas diarias y juegos. Haz que tu niño describa lo que está haciendo el niño en el dibujo. William empezó está actividad con una descripción de sola una palabra. Poco a poco empezamos a extender las repuestas a ideas completas, por ejemplo: "¿Qué está haciendo la niña?" Respuesta "Columpio." Con mucha práctica e indicaciones, su respuesta llegó a ser "La niña se columpia afuera."

9. **Las tarjetas de caras:** Tal vez vas a querer también mostrar tarjetas con una variedad de expresiones de niños como contento, triste, molesto y asustado. Éstas le ayudarán a tu hijo a hablar sobre las distintas emociones y tomar conciencia de cómo pueden sentir los demás. Pregunta

"¿Piensas que está contenta o está triste?" Intenta hacer la misma cara emotiva que está en la tarjeta—haz que tu niño te imite si puede—y di un ejemplo de cuando uno podría sentir esa emoción.

10. **Tablas de fieltro para contar historias:** ¡Una de mis herramientas favoritas! Puedes crear historias imaginativas y contar cuentos de varias aventuras. Pueden identificar y colocar toda clase de objetos distintos para contar sus propias historias.

11. **Salgan a hacer un picnic:** Llena un canasto de picnic y que tu niño ayude a empacar las cosas, que él nombre cada cosa mientras se preparan para su excursión. Lee un libro sobre las comidas. Cuando estén sentados, haz que tu hijo pida las cosas que quiere: "Quiero jugo," o "Quiero sándwich por favor."

12. **Plastilina (Play-Doh):** ¡Un antiguo favorito, siempre confiable! Utiliza la plastilina y las herramientas de estilos como los moldes y cortadores como un rodillo, etc. Haz que tu niño diga palabras como "enrolla", "exprime," "empuja," "jale," o "toca." Pídele que nombre el color, la forma, el objeto, la letra o número que está creando.

13. **Crema de afeitar sin olor:** Las maestras de la pre-escuela siempre tienen este artículo en su aula y por buena razón—es maravilloso, divertido, rápido y fácil para limpiar. Esparce la crema sobre una mesa o un individual para mesa. Deja que tu niño coloque sus dedos y palmas de sus manos en la crema y juegue con ella. Puedes dibujar o escribir números, o hacer formas divertidas. ¡Muchas oportunidades para conversaciones creativas!

14. **Burbujas, burbujas en todos lados:** Sopla burbujas alrededor de tu niño. Déjale que él pise encima y explote las burbujas. Usa palabras como "tocar," "agarrar," y "saltar" con tu niño.

15. **La pared de estickers:** Coloca una variedad de estickers en frente de tu niño y pregúntale cual esticker quiere colocar primero (usa papel pegado en un pared o encima de una mesa). Haz un collage o clasifica por color, animal,

forma, etc. Pregúntale a tu niño, "¿Qué hay en la foto?" o "¿Quieres que ponga el esticker en tu mano o en tu brazo?"

16. **Comida de juguete:** ¡Qué manera divertida para crear toda clase de juegos y conversaciones!" Dile a tu niño que es cada alimento y que él repita el nombre. Pon la comida en ollas y sartenes de juguete y usa las tapaderas también. Guarda la comida en recipientes. Anima a tu niño a que hable de cada comida mientras que está jugando. Pregúntale toda clase de cosas, como "¿De qué color es esta fruta?" "Quieres la zanahoria o el ejote?" Mezcla los artículos de comida y que él escoja la comida que tú nombras. Dile que él agarre un alimento rojo, amarillo, o verde. Imagínense que están en un restaurante y pídele a tu niño una comida específica y que él te la de.

17. **Ensartar argollitas:** Haz que tu niño ponga argollitas grandes de madera en un hilo grueso. Pregúntale "¿Cuántas argollitas usaste? ¿Qué colores usaste?" Tu niño puede hacer una pulsera o un collar.

18. **Juguemos pelota:** Siéntate en el piso con tu niño enfrente. Pásale la pelota y dile que te la regrese. Después, ponte de pie con tu niño y tírala suavemente y que él intente agarrarla. Muéstrale como tirarla de regreso. Di, "rueda la pelota," "tira la pelota," y "agarra la pelota." Dile que extienda los brazos para que pueda atrapar la pelota. Brinca la pelota y cuenta los brincos de uno a diez.

19. **Los partes del cuerpo:** Enseña todas las partes diferentes del cuerpo. Ponte enfrente de tu niño, toca una parte de tu cuerpo y que él te copie. Di, "tócate la cabeza," "tócate la nariz," "tócate los pies," "aplaude con las manos," "mueve los dedos," "mueve la cabeza," etc. Canta "cabeza, hombros, rodillas y pies."

20. **Vestirse y quitarse la ropa:** Nombrar la ropa es una práctica maravillosa durante el tiempo diario cuando tu niño se viste o se quita la ropa. Practiquen enfrente de un espejo para que él pueda verse. Permite que tu niño ayude activamente y dale asistencia mano-sobre-mano

solamente cuando sea necesario. Anímale a vestirse él mismo para promover la independencia. Di, "ponte tu ropa interior por favor." "Ponte el pantalón por favor." Puedes colocar primero la ropa en el piso en orden para que pueda sentarse mientras mete sus piernas en la ropa. Después de dominar este paso, el siguiente sería que practique mientras está de pie. Eso promoverá el equilibrio y el razonamiento espacial.

21. **Libros de fotografía:** Utiliza una cámara para tomar fotos de las cosas favoritas de tu niño, como juguetes, comidas, familia y amigos, etc. Lamina las fotos y haz agujeros a la tarjetas de fotos. Coloca una argolla en cada agujero para hacer un librito. A tu niño le encantará ver las fotos de sus cosas favoritas! Este libro te dará mucha diversión con el lenguaje.

once

Mirando Adelante y Hacia Atrás

Tú formaste mis entrañas; me hiciste en el vientre de mi madre.
Te alabaré, porque formidables y maravillosas son tus obras;
estoy maravillado y mi alma lo sabe muy bien.
— *Salmos 139:13-14*

William ha avanzado tanto. Tantos comportamientos que nos parecían permanentes o sin solución han sido reemplazados con acciones más educadas. Él ya sabe cómo ir al baño, por ejemplo. Y no solo quiero decir que ya no está pintando murales en las paredes; ahora él puede ir solo al cuarto de baño, limpiarse, subirse su pantalón, (claro que él como muchos niños de cinco años, necesita ayuda con los broches y los botones) y lavar y secar las manos después.

William tiene una cuota de inteligencia más alta que el promedio y es muy listo; él puede leer párrafos ahora. Aún más emocionante para nosotros, es que es capaz de contestar preguntas sí-o-no. Como muchos niños en el espectro, William sufría de ecolalia, que hacía que cuando nosotros le preguntábamos algo (incluso algo sencillo como "¿Quieres zanahoria?"), el no respondía. En lugar de eso, él repetía compulsivamente la pregunta o las últimas palabras de la pregunta. "¿Quieres zanahoria?" él imitaba. Desde hace unos meses, ahora es capaz de contestar bien cuando le hago preguntas sencillas y directas. Es maravilloso; un gran logro. Tardó bastante. Sin embargo, sí y no son respuestas breves, pero por lo menos él está conversando con nosotros—él está platicando y él está en nuestro mundo. Por cierto esos son pasos positivos.

William tenía ciertas aversiones a comidas por su textura; por ejemplo él no comió fideos ni compota de manzana durante mucho tiempo. Pero ahora come bien y come también comidas que antes evitaba. No tuvo otros problemas con texturas, pero durante años el sonido de las sirenas—por ejemplo de una ambulancia o de los bomberos—le causaba un ataque de pánico. Ahora ha aprendido a soportarlas y lo hemos convertido en un juego. "Hola, camión de bomberos," decimos y después "Adiós, ya se fueron los bomberos." Eso le ayuda a recordar que sí, esos sonidos molestos estaban o están aquí, pero pronto se irán esos sonidos—no es un problema grande.

Mientras William crecía y ahora nunca dejamos de trabajar con él, tenemos la alegría y la satisfacción de verle sobrepasar tantas barreras. Algunas de éstas siempre van a ser desafíos, cosas en que trabajar en las semanas y meses y años siguientes. Todavía es muy difícil para él estar entre mucha gente. Empieza a aletear las manos, saltar e ignorar las instrucciones. A su edad quisiera poder llevarlo a ver *El Cascanueces* durante la Navidad. Sin duda, que él camine a la par mía en un grupo grande sería demasiado difícil. Él querría ir a algún lado donde no debe y le pediría que no lo hiciera y la situación llegaría a un berrinche. Los cumpleaños también son difíciles, él nunca quiere abrir los regalos enfrente de la gente. Margaret ya está creciendo y queremos participar en más actividades y excursiones como familia, pero algunas cosas no podemos hacer, entonces tenemos que ser creativos con las cosas que *sí podemos* hacer.

A William sí le gusta estar con otras personas, sus primos por ejemplo. Y no solamente eso, sino que él también muestra más interés en los demás que antes. Él camina detrás de sus primos mayores y él quiere estar con ellos, aunque no sabe todavía como interactuar adecuadamente con ellos. También él sabe cuando alguien sale del cuarto, lo puede verbalizar y a él le importa que esa persona se fue, en cambio antes dudábamos de si él se había dado cuenta. Él soporta los grupos pequeños y quiere estar con grupos pequeños de familiares y amigos.

Tal vez lo más importante, él está desarrollando una relación con su hermana Margaret, quien es menor por dos años. Él está aprendiendo a compartir con Margaret y aunque a veces es difícil notar que él le tiene afecto, sé que se están llevando bien. Por ejemplo, estaban dormidos en dos camas sencillas en la casa de mi suegra, cuando se cayó la cobija de Margaret al piso en la oscuridad y no pudo alcanzarla y estaba llorando. William salió de la cama, gritando y se fue para la puerta. Escuchamos sus gritos antes de que él llegara a la puerta rumbo a nuestra recámara. Él quería que viniéramos a resolver el problema para Margaret—aunque él no sabía cómo comunicar eso— entonces él hizo lo que pudo.

William aprende y muestra nuevas habilidades todos los días, igual que tu niño lo hace o lo hará también, ya cuando empieces con él. Siempre bromeo que él es mi navegador; él siempre sabe cómo llegar a varios lugares y él se da cuenta antes de mi cuando no agarro el camino correcto. Él no me dice con palabras todavía, pero sí me hace saber de otras maneras. Él puede señalar a los edificios que él conoce, puede trabajar en las computadoras en la escuela y también puede usar el ratón de la computadora.

No todo es perfecto. William es torpe y necesita mejorar sus habilidades de motricidad gruesa, pero sí ha mejorado bastante. Cuando era más pequeño, estaba muy inactivo—apenas gateaba, él prefería arrastrarse cuando quería ir a algún lugar. Hoy en día, sin embargo, él puede hacer saltos abriendo y cerrando las manos a la vez, montar una bicicleta, subir, y dar una vuelta. Le costó mucho tiempo aprender a correr, pero ahora lo puede hacer.

Para el futuro de William, pienso que quizás pueda participar en grupos pequeños de habilidades sociales—tal vez cuando esté en la escuela secundaria. Éstas son clases donde los niños pueden aprender pistas sociales y ejercicios básicos de conversación. Él no está listo para este tipo de clases todavía; no tiene la comprensión. Imagino que él es normal en muchas maneras, pero lo social siempre le va a costar bastante esfuerzo. Es poco probable que él vaya a ser muy extrovertido o exuberante. Está bien—así es él. Y cuando me agacho y le digo "Mírame los ojos" no solamente le ayudo a entender algo o me ayuda a comunicarme con él—creo que logra mucho más que eso. Le indica a William que estoy aquí, que le amo y que no me voy a dar por vencida con él. Siento esta llama en mi misma; estoy segura de que William la ve y la siente cuando él me mira a los ojos.

Dice Seth . . .

No pierdas la esperanza.

No sé si en algún momento voy a tener una conversación con mi hijo. No sé si algún día el me va a decir "Papi, de donde vienen los bebés?" No sé si algún día vamos a conversar sobre las esperanzas y sueños y chicas y miedos y deportes . . . sencillamente yo no sé.

Pero no pierdo la esperanza.

Y tú tampoco. No sabemos lo que nos espera. Piensa en cuanto ha avanzado la tecnología durante nuestras vidas. Soy de la generación X y todavía puedo recordar cuando no tenía un teléfono conectado a mi oreja 24/7. Recuerdo cuando la gasolina valía menos de un dólar, la música venía en casete y qué tan suave era Andrew McCarthy en la película *Pretty in Pink*.

Mira como estamos ahora: alta velocidad, multimedia, resultados inmediatos del Internet . . . y eso es desde los últimos diez, quince años o menos? Me gradué de la universidad en 1998, y recuerdo que solamente un grupo muy reducido tenía teléfonos celulares en ese tiempo.

Si en doce años pudimos avanzar desde un teléfono del tamaño de un maletín con poca señal y un costo de $4.50 por minuto hasta donde estamos ahora, imagínense lo que va a pasar con los avances en pruebas, terapias, medicina y herramientas para diagnosticar a los niños con necesidades especiales.

Por eso no me doy por vencido. Algún día mi hijo podría decir "Papi, tú hablas demasiado." O, "tú recuerdas hace unos años cuando intentabas hablarme de los Longhorns . . . me gustó mucho."

Podría pasar. No pierdas esa esperanza.

SOBRE LA AUTORA

Melanie Fowler tiene títulos profesionales en la patología del habla y lenguaje y en la educaciÛn especial. Ha trabajado durante anos con niÒos sordos y con necesidades especiales. Ella ha enseñado el idioma de seÒas como segundo idioma a estudiantes de secundaria. TambiÈn es una especialista en diagnóstico certificada y ha ayudado a niÒos con desórdenes del espectro autista ofreciendo servicios en grupo e individuales. Melanie vive en Texas con su esposo Seth y sus dos niÒos, William, de cinco aÒos y Margaret, de tres anos. Este es su primer libro.

www.ingramcontent.com/pod-product-compliance
Lightning Source LLC
Chambersburg PA
CBHW030410290526
45785CB00004B/1958